JN322783

今こそ
フロムに
学ぶ

飯野朝世 著

Erich Fromm

朝日出版社

序

　動乱の20世紀をほぼ生き抜けたといえるエーリッヒ・フロム (1900-1980) は、人口の80％がユダヤ人のフランクフルト・アム・マインに、父ナフタリ・フロムと母ローザという、ともに律法学者の家系の子として生まれた。フロイト心理学から学び、独自の分析主義心理学を創出し、マルクス主義の社会分析をも取り入れ、ヒトラーの政権掌握とともにアメリカへ亡命し、その地の分析主義心理学の中心となり、フロイトを脱却して、さらに広い基盤に立つ分析主義心理学を築き、アメリカ社会とくに都市生活市民の深層心理を深く分析し、鈴木大拙と会っては東洋精神の深淵に触れ、アメリカ社会の分析心理学の一拠点をなした。
　フロムの心理学はその没後30年余の今、アメリカでどう受け止められているか、それはともかくとして、フロム以後アメリカ心理学界で、彼以上に多方面に影響を及ぼした心理学者は、稀であることは言うまでもない。フロムの心理学は、アメリカ社会の多くの局面が今当面している問題に影響を及ぼし、また自らもその局面に影響を受けて展開しつつある。
　21世紀の日本も、必ずこの影響を受けることであろう。その労働も、教育も、とりわけ政治も、20世紀とは一新した容貌を呈しつつあるが、その転換の節々に当って、アメリカの影響を受けずにすむことはない。
　本書の著者・飯野朝世氏が、久々ぶりに日本の読書界にフロムを紹介されることには、大きな意義があると思う。日本が直面している難問を一望すれば、フロムがそれらの問題に投ずる光芒の確かさが、確認されるからである。

　小泉内閣が権力を握ると、定年までの雇用を保証されていた日本の労働者は、一転して非正規雇用者として、それまで正規雇用者として保証されていた定期昇給、夏冬のボーナスを失い、医療も国民健康保険に加入して受けることになった。

これに対して企業は、多大の利益を得るに至った —— 退職金も、定期昇給も、ボーナスもいらないからである。
　正規雇用だと就業時間も一定になっていたのが、非正規になると時間は延び、しかも収入は減る。そこで結婚意欲は失われる。また男女雇用機会均等法で、それまでの特典を女性は失う。結婚して出産をひかえ職場を離れれば、元の職に戻ることはむずかしい。退職すれば、子どもを託児所に預けても、職を得ることはむずかしい。
　労働時間延長が子どもとのふれあいを少なくする。老親同居の家庭は減っている。そこから、各家庭が家の文化の継承は難しくなり、社会の階層は固定し、貧富の差は拡大してゆく。
　戦前は大学は社会の上層階級の家庭の子女だけが通う所だった。1935（昭和10）年の大学数は、45であり、その在校生数は71,600人だった。それが2000年には大学数は649、在校生数は274万人となっている。1955年には大学・短大進学率で男女に大きな差があり、男15％に対し女は5％と1/3だった。それが1989年には逆転し、2000年にはほぼ差がなくなり、共に49％となっている。そしてむしろ国公立に富裕層の子女が進み、低所得の子女は私学に進む者が多い。そこにも階層の固定が見られる。
　今世界の先進大国は転機を迎えている。それら諸国は、かつて経済的利益を独占し、全地球上の資源を争って分割所有し、20世紀前半までは石油、石炭、鉄鉱などの重要資源と労働力を思うまま搾取していた。20世紀中葉から、元の植民地が次々と独立し、資源も労働力も新興国に渡され、それを活用し利益を得るため、先進国は途上国に工場を移した。アメリカは中南米に、日本は中国から東南アジアへと。それは自国内の失業を増し、不況は常となり、中産階級は解体し、社会は上下二層に分かれた。
　先進国は途上国の発展による利益を自国に取り込むため、搾取構造を拡大しようとしている —— TPPもその一つである。
　しかし忘れてならないことは、地球上の資源は有限なことである。だから、人間が生み出す富は、まずその地に暮らす人々の幸福のために用うべきである。先進国は経済至上主義、無限発展主義を改め、これまで自国内に蓄積した富の平等化をまずはかるべきである。むしろ先進国は自国の技術・知識を途上国の発展のために用い、その

生活水準の向上に協力すべき時である。先進諸国は経済の一国独占主義をやめて、有限な地球資源の平等な配分に力を注ぐべきである。

近代世界は、是非はともあれ、自然科学の技術的応用をその限界までのばし、自然から多くの資源を奪い取り、活用して、生活を向上してきた。その基本的活用はすでに充たされ切っており、技術的多様化は限界とてなく、その果てに登場したのが原発なのである。日本は今この問題に悩み切っている。

世界第二の原発事故は、発生後二年余にして、まだ事故原発の炉の中へは入れず、炉自体の状況も不明である。放射能汚染水は多量に海に流出しつづけており、あるいは爆発事故後ずっと継続しているかとも考えられる。大都市の電話帳のような「執筆要綱」に基づいての被害届提出を諦めた被災者も多い中、やっと提出された補償請求の70％を、東京電力はすげなく却下した。

事故の原因とその程度すらまだ確かめえていなくこの原発を、安倍首相は東欧、東南アジア、中東の諸国に売り込もとし、大企業の後押しを得て、「日本の技術は高い。地震と津波の被害をも克服すべく、技術開発が行われてもいる。」と危うい嘘をつきまくっている。原発は扇風機のように完成品を持ちこむことはできない。現地で組み立てるのである。何万本ものネジが1本狂っても、ゆるんでも、永年の内には必ず事故につながる。何十万の精密部品が厳密に構築されるのである。現地の労働者にその精密作業が期待できようか。万一事故が起こったときの補償・弁償をも覚悟すれば、この売り込みは不可能である。アメリカもすでに国内の100余基の原発の廃炉補償費も含めた発電価格は、すでに他の発電材料より高くつくと、廃炉がつづいている。日本でも事情は同じであるはずである。

以上現代日本社会の現状について、拙い文をつづけてきた。しかし、ここに露呈している多くの問題は、本書の著者が、フロムの80年にわたる波乱万丈の研究についてまとめた探求と著作の紹介において、その解決のヒントを示しているのに気付かれると信じる。

パーソナリティ論でのタイプ別性格は、その中に包み込む事実・事態を思索すれば、右にのべた日本と世界の経済問題の分析と解決に、大いに寄与すると考えられる。

消費についての実用的と病原性の区別、よく生きる人間の在り方、自己本位や利己主義から脱して、連帯や愛他主義へと変わることが必要だとの主張は、今後ますます広い適用範囲を見出すことであろう。

　本書は、20世紀最大の心理学者、ことに欧から米へと生活の場を移し、そこに新しい社会の発展と、その中にすでに萌している深刻な人間の精神的課題に、その鋭敏な分析のメスを振るったフロムの、全生涯をかけての人間探求の旅路を、つねに今の、21世紀の、フロムが生きようとして生きえなかった人間社会の現実を背景におきつつ、きわめて明快に叙述したものとして、必ずや読者に多くの示唆を与えると信じる。

　日本では、欧米の学者の生存中は、その紹介、出版、研究に携わる人が多いが、没して10年、30年もすれば、もはやそこから学ぼうとしない精神的怠惰傾向が、今もって著しい。本書は、そのような方向とは全く逆に、今フロムから何が学べるか、何を学ぶべきか、その学びが21世紀に生きる日本人と日本社会にとって、どれほど大きな意味を持つかを教えてくれると信じる。21世紀の混沌たる現実は、すべて20世紀に胚胎している。本書はそのもっとも犀利な分析方法の一つを、明晰に示すものとして、必ずや読者に益するところが大きいと信じる。

　2013年9月1日

　　　　　　　　　　　　　　　　大阪市立大学名誉教授　佐藤　全弘

目　　次

序 ……………………………………………………………………………………ⅰ

第1章　エーリッヒ・フロムのバックグラウンド　　1

【1】フロムの母性観……………………………………………………………3
【2】フロムの宗教観
　　《正統派ユダヤ教からの影響》……………………………………………5
　　　1 師………………………………………………………………………5
　　　2 旧約聖書………………………………………………………………7
　　　3 「神」の概念…………………………………………………………8
　　　4 博士論文………………………………………………………………9
　　　5 フリー・ジューイッシュ・アカデミー（ユダヤ自由学園）……9
　　　6 ラジオ・インタビュー………………………………………………10
　　　7 習慣……………………………………………………………………11
　　《禅仏教からの影響（東洋哲学との出合い）》…………………………12
【3】精神分析学に入門…………………………………………………………14
　　　1 フランクフルト学派…………………………………………………14
　　　2 新フロイト派…………………………………………………………15
　　　3 その後の執筆活動……………………………………………………16
【4】マルクス理論………………………………………………………………17
【5】倫理学、神秘主義…………………………………………………………20

第2章　フロイト理論への疑念　　25

【1】フロムの性道徳論（人間と動物の大きな違い）………………………27
【2】家　族　論…………………………………………………………………30
【3】権　威　論…………………………………………………………………32

ⅴ

【4】パーソナリティ論（タイプ別性格） …… 35
- **1** フロイト性格論への疑念 …… 36
- **2** フロムの性格論（フロイトのタイプ別性格との対比） …… 39

【5】エディプス・コンプレックス …… 44
- **1** フロイトのエディプス・コンプレックス論 …… 45
- **2** 古代ギリシャ神話三部作あらすじ …… 46
- **3** フロイト・エディプス・コンプレックス論に対するフロムの見解 …… 47

第3章　フロム理論の特徴　55

【1】フロムの社会論 …… 57
- **1** フロム理論の特徴 …… 57
- **2** フロムの「無意識」論 …… 59
- **3** フロムの社会論 …… 61
- **4** 社会的性格 …… 64

【2】所有、消費、所有欲 …… 67
- **1**「所有」の概念 …… 67
- **2** 人が所有できるもの …… 68
- **3** 典型的な「所有型」性向 …… 69
- **4**「消費」の概念 …… 71

【3】目覚め …… 73
- **1** 今日的労働条件 …… 73
- **2**「目覚めている」 …… 75
- **3**「気づき」 …… 77
- **4** マインドフルネス …… 79
- **5** 自分を高める三ステップ …… 82

第4章　フロム思想と日本　89

【1】常態社会の狂気性 …… 91
- **1** 常態性病理現象 …… 91
- **2**「甘え」の病理面 …… 101

【2】フロムの対話的精神分析療法と日本の禅仏教 ……… 107
1 従来型精神分析療法への疑問 ……… 108
2 フロムの対話的人道的精神分析療法 (トランス・セラピューティック・サイコアナリシス) ……… 112
3 精神分析と禅仏教との接点 ……… 113
【3】幸福論 ……… 118
1 父権社会にいることを知る ……… 119
2 フロムの対話的人道的精神分析療法 ……… 123
3 「甘え」と「愛」 ……… 124

エーリッヒ・フロム　略歴 ……… 135
参考図書 ……… 143
索引 ……… 151

【表1. フロイトとフロムの人間理解の分析方法】……… 57
【図1. 人間の諸現象を理解する二つの試み】……… 58
【図2. 無意識についての三つの概念】……… 61
【図3. 個人相互間の共通した理解】……… 63

あとがき ……… 155

凡　例

1. 本書は *A Study of Fromm's Thought: in Comparison with Freudian Theories, and in Connection with Japanese People and Society*（2002年、ハーベスト社 発行、飯野朝世著）を底本とし、筆者が簡略、再編邦訳したものである。

2. 全文の注は、各章の最後のページに記した。

3. 段落分けした抜粋引用文は、注に表記した著作の原文を元に筆者が邦訳したものであり、叙述文中に「　　」で表した部分は、注で表記した著作原文の内容を日本語で要約したものである。

4. 和書からの引用文は、著者の原文を引用したものであるか、あるいは原文内容から筆者が解釈要約したものである。

5. 索引は50音順に記した。

6. 本文中で詳細を記した研究者については注を省いた。

第1章

エーリッヒ・フロムの
バックグラウンド

1 | フロムの母性観

　エーリッヒ・フロム（Erich Fromm 1900-1980）は、フロイト精神分析学理論をもとに社会心理学の視点から精神分析に着手し、人間心理やパーソナリティをその背景となる社会との関係性から紐解く理論を成立させた研究者である。また、現代資本主義社会の常態性病理を指摘し、それらを克服して人間性の全人的回復を目指すセラピーも樹立した思想家としても知られる。

　人口の80パーセントをユダヤ人が占めた1900年当時のドイツ、フランクフルト・アム・マインの正統派ユダヤ教家庭に、エーリッヒ・ピンチャス・フロム/エーリッヒ・ゼーリッヒマン・フロムが誕生した[1]。商人、金融業者、医者、学者が大半を占める中、フロムの家系はラビ[2]やタルムード[3]学者を輩出していた。

　父ナフタリ・フロムと母ローザはともにユダヤ律法学者の家系出身であったことから、フロムは、旧約聖書やタルムードの教育を受けて育った。フロムが両親や家族との関係を基盤にした子どもの発達理論を展開したことから推察して、彼自身が両親や家族を通してさまざまな影響を強く受けたことは明らかである。

　フロムの思想の重要な源泉の一つに、「現在多くの先進諸国に見られる家父長制社会成立以前には母権社会が存在した」ことを発見したスイスの人類学者、ヨハン・ジェイコブ・バッハオーフェン（Johann Jakob Bachofen 1815-1887）の母権理論がある。母権社会における絶対的愛情、父権社会における条件付き愛情という両社会の典型的相違を示したこの理論は、フロムが子どもの発達における密接な母子関係の重要性を力説する原点と言えよう。

　バッハオーフェンの母権理論には、父権社会以前に母権社会が存在したことだけでなく、その両社会の歴然とした違いが示されていた。母権社会は無条件の愛で象徴され、父権社会は父権による条件付きの服従が強調されている、とフロムは概要を述べた。

　理想的な母親はたいてい自分の子どもを無条件に愛し、「よい行ないをしたから」とか、「笑顔やしぐさがかわいいから」とかの理由で愛するわけではないけれども、父親は、「言うことをよく聞くから」

3

とか、「自分によく似ているから」という理由で自分の子どもに愛情を抱くものである。しかし、それぞれの人に微妙な違いが出てくるのは、その人が住む社会のシステムが母権制(「愛」に重きを置く社会)か、父権制(「権力」に重きを置く社会)かの違いによるものだ、という見解をフロムはもった。

フロムは、バッハオーフェンによるギリシャ神話エディプス三部作(『エディプス王』、『コロノスのエディプス』、『アンティゴネ』)の解釈に感銘を受けた。それは、「この三部作は母権社会から父権社会への移行を象徴し、社会システムの発達や、その構造、社会での人間関係を示そうとしたものである」という解釈であった。

これに感銘を受けたフロムは、同じギリシャ神話からジグムント・フロイト(Sigmund Freud 1856-1939)[4]が導き出したエディプス・コンプレックス理論[5]に疑問を持ち、フロイト自身の家庭環境やフロイトの患者の社会階層などから判断して、フロイト理論が父権社会、それも下層中産階級に限ってしか適用できないことを指摘した。子どもと母親の関係は人間のもっとも親密で深い関係であり、それは性的なこととは無関係である、というフロムの考えからであった。

バッハオーフェンの母権理論がフロムの見解に強く影響したことは、1974年1月5日、南ドイツで行なわれたラジオ・インタビューからも明らかである。バッハオーフェンの母権理論を知り、おそらくフロムは、ユダヤ人社会と母権社会の類似性に驚いたはずである。

フロムが幼少期を過ごした20世紀初頭のフランクフルトユダヤ社会は、資本主義以前の中世社会に似て、お互いが緊密に結びつき、階級制や厳しい戒律があり、道徳的であった。まだ競合的な営利主義が表面化していなかったので、全員といっていいほど誰もが安全な居場所や、れっきとした身分や、他者と親密な関係を持っていた。

緊密な社会では、人々を結びつける社会媒体が社会に満ち溢れている。フロムが言う社会媒体とは、血筋や運命、固い階級制、厳しい規範や道徳、生活習慣を指しているのである。それは、フロムが1937年の論文「分析的社会心理学の方法と目的への貢献」で「セメント」と呼んだものと同じだと考えられる。この論文の中で彼は、「セメント」という語を用いて社会構造を固める重要な役割について論じた。「セメント」という表現は、彼が子どもの発達について説明

したときに用いた「ミディアム（メディア）」と同義であろう。彼は、この論文の中で、外界を子どもに馴染ませるのは、媒体としての両親の役割であることを強調した。

そのほかの母権社会とユダヤ人社会が類似する点は、土地への愛着がある。国や領土を失ったことはユダヤ人の心に土地への強い思慕を植えつけた。この思慕が、世界中に離散してしまったユダヤ民族を固い絆で結びつけたのである。

既述のように、母権社会では血筋や運命を重んじ、土地に愛着を感じていることが典型的であるが、緊密な人間関係と、社会媒体というフロムの概念は、彼の論文でも示されているように、フロムにユダヤ教を思い出させたバッハオーフェンの母権理論の影響によるものと考えられる。

現にフロムは「母権理論とその社会心理学との関連」を1934年に発表している。彼が母権理論に興味をもったのは、家母長制文化を研究すると、現代社会人の精神構造に見る文化との違いが明らかになるからであった。実際、その研究で家母長制文化は、無我の愛、無条件の愛である母親の愛情や、楽観的信頼、性的束縛がないことによる罪悪感のなさ、快楽の追求、幸福感、高貴な理想などといった特徴を示すことがわかった。これらの特徴に関して、フロムはユダヤ社会と母権社会に類似性を見つけたのである。

2 | フロムの宗教観
《正統派ユダヤ教からの影響》

1 師

日常的な家庭教育に加えて、フロムに関わった教師はほとんどが保守的なユダヤ正教徒であった。一般の改革派（ユダヤ人の立場であってもキリスト教徒の行動にも溶け込もうとする）とはちがい、彼らは当時「オーソ・プラクティス」と呼ばれ、一生を通じて信仰深い生活を営んでいた。フロムの先祖もそのメンバーであり、家族も、また彼自身も25歳までそうであった。[6]

フランクフルトのユダヤ礼拝堂でラビのノベルが率いる若人たちと交わり、ある時期、シオニスト[7]の若者たちとも交流をもった。

ラビのノベルはヒューマニストでもあったが、ユダヤ神秘主義に浸って、昔ながらの宗教的慣わしに添った生活を送っていた。ノベルの信仰精神は、フロムの指導教官だったヘルマン・コーエンを通して伝授され、これがフロムのヒューマニズムの原点になったと見ることができる。

　サルマン・バルック・ラビンコフと知り合ったこともフロムのヒューマニズムの展開に決定的な影響を与えた。最初の出会いは、ラビンコフがフランクフルトで開いていた「夜間塾」に12歳のフロムが参加し始めた1912年であった。後年、フロムはハイデルベルク大学で博士論文の指導教官だったアルフレッド・ウェーバーを通じてラビンコフと再会した。ラビンコフはロシア生まれのタルムードの教官で、ロシア人学生にタルムードを指導するためにハイデルベルクに来ていたのである。ハイデルベルクに滞在中、ラビンコフは法的、社会学的な問題にかなり興味をもち、アルフレッド・ウェーバーと緊密になっていた。法学、社会学、心理学、哲学を勉強する中、フロムは大学の授業以外にもプライベートなタルムード指導をラビンコフに依頼した。1920〜25年にかけては、ほぼ毎日ラビンコフの指導を受け、ユダヤ教のヒューマニズムを習得していった。「ユダヤ教における個人と社会」と題したラビンコフの論文は、ユダヤ教とユダヤ伝統を人道的に彼が解釈したものであるが、論文よりもラビンコフ自身のパーソナリティの方がもっと人道的性格を表しているとフロムは語った。ラビンコフを回顧する中でフロムは、「私の人生は誰よりもラビンコフに一番影響を受けた。それに、表現や概念は異なるが、彼の思想は私の中で未だに息吹いている」と証言した。「人間の自律」という両者の見解はユダヤ教に深く根ざしていると言えるだろう。

　ラビンコフがユダヤ教徒について述べたことを、後年、フロムは精神分析学や社会精神分析学の研究を駆使して検証しようとした。そして「生産」、「破壊」、「愛」、「自律的で創造的な性格」、「人間性」、「自由」、「個人であることを土台にした自己成熟」など、人間の能力に対してフロムが抱いた概念は、ラビンコフが解釈したユダヤ教の人道的見解を受け継いだものである。フロムのヒューマニズムのこの背景は、彼が後に人の性格を人間の創造性から分類しようとした

ことから明らかになった。

このようにフロムの周りには正統派ユダヤ教の影響が満ち溢れ、彼のユダヤ教徒としての慣習や精神を強める結果となったと言える。

2 旧約聖書

「旧約聖書の物語は幼い私に何物にも代えがたい感動を与えた」とフロムは語った。その物語には子羊とライオンが共に暮らす世界平和の理想像が描かれていた。あらゆる国家も国際関係も平和共存することにフロムは強く惹かれたのである。それからずっと後、彼は健全な核政策のための国家委員会の創設者になった。目指したのは平和運動を促進することであった。同時に核兵器とベトナム戦争に反対した。

フロム自身にも、彼の洞察眼にも影響を及ぼした正統派ユダヤ教は、彼が旧約聖書を研究して著した『ユダヤ人の人間観』(1966年) によく表れている。その中では、人間を理解する方法が旧約聖書のユダヤ人の視点から叙述されている。彼はこう述べた。「旧約聖書はユダヤ教、キリスト教、イスラム教の原点であるだけでなく、今日の革命や、オートメーション化や核兵器の世の中に生きる傾向にある人間に対して警告を発しているものでもある。そういう世の中は宗教的思想を否定しがちで、実利主義思想に取って代わられる」と。旧約聖書は、原始的権威主義、部族主義、人間の自由の根源、その歴史的発展などを含むさまざまな源泉から少しずついろいろな要素が取り入れられ、その収集、執筆、編集、再編集には何千年もの年月が費やされた教典である。

『ユダヤ人の人間観』だけでなく、人間がユートピアのような社会をつくり上げる可能性についての論理的議論や概念にも、よい世の中や、よい人間理解というフロムの強い信念が全著作を通して効果的に表現され、各々の著作を説得力あるものにしている。子ども時代に学んだユダヤ教やそのメシア的内容は、フロムのパーソナリティを成長させる核であり続けたと、最後のインタビューで彼は語った。

「私を孤独や孤立から解放してくれたのは、幼い頃から、神意の代弁者たちという考え、特に、メシアの時代を待ち望み、最終的

には救世主がよりよい世界を創造するはずだという望みだった……ユダヤ民族の救世主のこの物語は、きわめて重要な二つのメッセージを意味している。それは第一に完全なる人間性としての信仰、つまり知性的、宗教的、道徳的模範を中心とした生き方。第二に政治的なもの、つまり、現実世界の変革、社会の新しい法令で宗教的信条を強化するもの、である。」

フロムは、旧約聖書が近親相姦の制約、偶像信仰、奴隷制度、権力などから人々を解放したと考えており、個人や、部族や、あらゆる人種が自由を求めることに手を差し伸べた。また、旧約聖書を徹底的なヒューマニズムの文面で翻訳しようとしたことにも言及した。[8] ここで言う「徹底的なヒューマニズム」という語の意味は「一(いつ)としての調和」、つまり「全世界的思想」を示すことであり、人種や人力による開発、個人の内面の調和、そして世界平和の設立などに挑戦する人間の可能性に力点が置かれている。

その強調点「一としての調和」は、すべての人間は人類共通の経験をもちあわせ、皆お互いにつながっていることをフロムが主張するつもりだったのだろうと考えられる。つまり、人類は同じ経験を共有し、お互いを理解することができ、調和し、互いが一つになることができる、と考えたのであろう。たとえ、人種、国家、社会、部族、個人というそれぞれの背景が表面的に違っていたとしてもである。

3 「神」の概念

フロムの言葉で、「神」とは実在する実体以上のものであり、さまざまな方法で表現される人間性に本来備わっている本源的な価値の象徴である。

さらに彼は、神に対する人間の多様な性向について論及した。「なぜ人間の諸経験が概念の原因になるかというと、人間は特定の局面を完璧に把握して自分の経験を語ることができないからである。なぜなら経験の特定の局面というのはそれを行使する個人とともに変化したり、増大したり、進展したり、さらには退廃さえする事実があるからである。このように、個人は特定の経験とともにずっとそのままではありえないし、その状態を恒久的に保つことなどありえ

ないのである。だから、その人はその経験を、時空を超えて他者と共有するために、「ことば」や「考え」というシンボルで概念化しようとするのである。そうしなければ、その経験は色あせ、消えてしまい、その結果として歴史も存在しなくなってしまう。概念化と記号化のおかげで、我々は他人の経験、雰囲気、事実、現象、歴史を実際に経験しなくても理解できるのである」と。

　記号によって説明された諸経験は、それぞれがとてもよく似通っているから、概念と記号を用いることで人々は互いに気持ちを伝えることができる。特に同じ背景をもつ人たちなら、なおさらのことである。

4　博士論文

　フロムは宗教経験の理論を博士論文のテーマ『ユダヤ律法：ユダヤ人の社会学への一貢献』で社会学分野の博士号（Ph.D.）を授与された。ユダヤ律法の機能を探究し、三つの史実で離散して他国に住むユダヤ民族社会の結束性を執筆したものである。この論文で、「ユダヤ民族離散は、国を失い、領土がなく、教会がないにもかかわらず、血縁と運命でつながった和合した一団として在り続けた、という事実により特徴的である」と彼は述べた。

　その論文は、ユダヤ民族の生活と仲間社会の交流の人道主義的基盤が強調されている。ラビンコフの思想と、自治集団として今も偉大な国家や文化的背景に自らを見出して独立を保っているユダヤ離散の歴史的重要性に注目している。フロムは博士論文で社会学的研究に着手したものの、その内容は、彼の興味や論法がすでに心理学志向にあったことを示していた。

5　フリー・ジューイッシュ・アカデミー（ユダヤ自由学園）

　ハイデルベルク大学の学生であったのと同時に、フロムはフランクフルトのユダヤ社会に深く関わり、さまざまな演題で講演を行っていた。また、フリー・ジューイッシュ・アカデミーの設立にも加わり、会議やセミナーや、ユダヤ成人教育の講義もよく行なった。彼の講義の特徴は、タルムード教義やユダヤ史などの宗教的な面を切り離した形でなされていたようだ。

この学園でフロムはレオ・レーヴェンタールと交流ができ、彼からフランクフルト社会研究所のサークルや、マルティン・ブーバー (Martin Buber 1878-1965)[9] に紹介された。ここで受けた影響が後に彼の思想で開花した。ブーバーのユダヤ教と実存主義を統合した理論は、フロムの宗教と社会学の融合を予示したものだといってもいいだろう。ブーバーの『我と汝』(1923年) により、フロムはどのような社会の対人関係をも、ますます意識するようになった。

6　ラジオ・インタビュー

　旧約聖書の項でも述べたように、「子どもの頃に受けた正統派ユダヤ教からの影響とそのメシア的思想は成長の核だった」と、後年フロムはコメントした。幼友達のアーンスト・シモンに宛てた手紙にはこう綴られた。「もし君が、私がユダヤ伝統を否定したっていうなら、それが真実か嘘かは、そのことばの意味するところによりけりだ。君が、私が20代後半までを過ごしたユダヤ慣習を捨て去った、と言ったのは正しい。でも、ユダヤ伝統に対する私の興味や愛着が失せることなどあり得ないし、もし私がタルムードやハシッドの話に耳を傾けないなら、誰も時間をさいてまで私に語りかけてこないさ」と。

　南ドイツで行われたラジオ・インタビューの際に、フロムは家族からの影響について「正統派ユダヤ教徒で、都市型社会以前の、資本主義社会以前のような雰囲気をもった自分の家庭は、実際に中世の伝統を引き継いでいたから、自分の人生観は平均的な現代人とは違っているし、タルムードや旧約聖書を学んだり、祖父母と話したりしたことで、その人生観はますますゆるぎないものになった」と言及した。

　フロムのコメントで一番大事な点は、彼がスピノザ[10]やカール・マルクス (Karl Marx 1818-1883)[11] やバッハオーフェンの理論を知ったことで、とても気が楽になったと語ったことである。彼らの理論のおかげでフロムは都市型社会以前の状態を顧みることができたからである。フロムにとって中世とは、彼の過去を今もなお愛しく思い出すことのできる社会であり、彼の思想と一致する社会でもあった。彼は、「自分の考えが過去にも根ざしていて、今もなお同じ考え

であることに間違いはない」、「この融合こそ私が望んでいたことだ」、「だからこの研究に夢中になったのだ」と語った。

7 習慣

このように、フロムのいわゆる二重性や内面的矛盾に目を向けると、ユダヤ教からの影響を注意深く考察しなくてはならなくなるだろう。フロム研究の第一人者ライナー・フンク[12]はこう語っている。「フロムを伝統主義のユダヤ教から無神論的ヒューマニズムへ、ユダヤ人の心理学から精神分析学的心理学へ、そして学園（フリー・ジューイッシュ・アカデミー）の考えから理性と感情による啓蒙思想へと向かわせたハイデルベルクでの一連の過程は、フロムのユダヤ慣習独特の家庭環境に目を向ければ正しく理解できるだろう。なぜならフロムは正統派ユダヤ教から決定的な影響を受けているから、彼が他者の理論を評価したり、批評したりするのにユダヤ教を基盤とした見地を持つのは当然のこととして合点がいく」と[13]。

ユダヤ民族社会の結束性から、フロムは人々が無意識のうちに築く風潮の機能に着目した。彼が1937年の論文「分析的社会心理学の方法と目的への貢献」で「リュート」（封塗料）と呼んだこの種の固い結びつきは、ある階級やグループの人々を団結させるものである。グループメンバーを同じ考え方、感じ方、物事の対処の仕方へと導き、その主潮や生活習慣へと導くのである。正統派ユダヤ教徒社会では、特に、人々はコーシャという神聖な食物、サバト、定期的なミーティング、教育、服装などの厳しい戒律に結びつけられていて、お互いが親しく、親密な社会をつくっている。

フロムは、モノの生産方法、仕事の機関、社会化の形式、人々の態度や行動、文化、政治、価値体系、宗教、さらなる社会的団結の強化などの生活習慣を実感し、ユダヤ人社会がしっかりした階級制や厳格な宗規や実質的に完全な道徳律で特徴づけられることを望んでいた。

したがって、フロム思想に与えた正統派ユダヤ教の影響は、フロムの生活習慣や、研究において要の役割を果たしたと言え、そこから得たヒューマニズムは、その後も長年に亘ってフロムが人間と社

会の研究を展開する基盤となった。そして彼の「関係性」の概念では、人間は一人ひとりが所有する共通の場を基盤とした統一体であることが強調され、フロムは「リュート」、「セメント」、「媒体」、そしてドイツ語の「キット」という語を用いてその概念を説明した。そのどれもがユダヤ社会の結束性を立証するものなのである。

《禅仏教からの影響》
（東洋哲学との出合い）

さらにフロムは、東洋思想、特に鈴木大拙(D.T.Suzuki 1870-1966)[14]との交流により禅仏教からも深い感銘を受け、人間の精神性について深く追究し、西洋の正統的精神分析学と東洋哲学を融合させて、個人の「社会との関わり」と、「内面の追究」の両方から人間性の全人的回復を目指す精神分析療法（Trans-Therapeutic Psychoanalysis）へと発展させた。

フロムの宗教観念に大きく影響した禅仏教は、1926年に彼が正統派ユダヤ教を離れた後、神の存在しないヒューマニズムへと彼の興味を導いた。当時は短期間だったものの、禅仏教への関心は、そのずっと後1950〜60年代の鈴木大拙との交流の中で高まり、フロムは禅と精神分析学を融合させるに至った。彼は、ヒューマニズムや神秘主義が、ユダヤ教にも東洋哲学にも相通じるものであることに気づいていたのかもしれない。

彼が仏教を知ったことで、神が存在しない宗教観に目覚めたことは、二つの点から推測される。一つは、フロムはフロイトが「意識」を二分しようとした試みや、無意識と意識をまったく別々の存在として捉えたことを受け入れられなかった点である。フロムは、無意識は単独で存在するものではなく、意識的意識と、無意識的意識ではその認識度に違いがある、と結論づけた。意識と無意識を種類からではなく、その深さの度合いで区別したフロムの見解は、彼の後年の心理学、宗教研究に説得力を持たせることとなった。それは『悪について』や『ユダヤ人の人間観』の記述内容からもうかがえる。

もう一つは、宗教には権威主義的であるものと人道的であるものが存在するという結論をフロムが持った点である。彼の理論では、もっとも人道的な宗教、言い換えれば、もっとも非権威主義的宗教

は仏教で、その中でも特に禅仏教であるという。後年、彼は禅への興味を広げ、その概念を精神分析療法に取り入れ、その効果を謳って自分の考えが正しかったことを実証した。

自己の内から発する以外の知識は正当なものではないという観念や、生きることはそれ自体が目的で、目的への手段ではないという禅の観念にフロムは特に大きく心を動かされたようであった。アメリカで禅の先達として成功を収めた鈴木大拙やリカルド・デ・マルティーノとともにフロムは1957年に禅と精神分析のワークショップをメキシコのクエルナバカで開設した。そのセミナー内容は後に『禅と精神分析』と題して出版された。

フロムは、「驚き」は人道的宗教体験の中心的観念であり、これこそ個人の自己実現の結果であると見なした。フロム研究家、G. P. ナップによれば、「驚き」の体験は、心理療法において「もっとも重要な治療要因」と考えられるそうである。同時に、この体験は、自己の内面との、他者との、すべての生き物との、そして大宇宙との、宗教的一体感とも捉えられるそうである。

しかもこの「驚き」の気持ちは、「悟り」と同様に神秘的洗礼での究極の状態に等しいという。『ユダヤ人の人間観』の中でフロムは、この現象をエックス (X) 体験と呼び、「有神論的に、非神論的に、無神論的に、あるいは極端な場合には反神論的に表現されようと、あらゆる宗教信仰に共通する宗教体験とは、人道主義的体験のことをいうのである。この卓越した視点から、無意識との関係が確立され、その代償として個人化を排除するのであろう。個性化を失うことは、つまるところ、宗教体験や宇宙全体との調和感に尽きるのである」「この人道主義に基づく体験は、キリスト教、イスラム教、ユダヤ教の宗派で神や真理を知ろうとする行為によって知ることができ、禅仏教においてもっとも鮮明に知覚される」と語った。彼は、「このような宗教的体験を的確に表現することばは西洋言語にはなく、宗教的で心霊的なことばでさえその意味をゆがめかねない」と述べた。だから彼は、エックス体験ということばを用いたのである。

非権威主義的で人道主義的な宗教行為や精神分析行為の意図は、主体に力を与えて、殻や、組織化されてしまった自己や、エゴを打ち破ることができるようにすること、と言えるのである。

3 | 精神分析学に入門

　もう一つの重要な源泉は、フロム自身も述べたように、思考にも彼自身の成長にも決定的影響を与えたフロイト精神分析学理論である。フロムは、1922年にハイデルベルク大学で『ユダヤ律法：離散ユダヤ人の社会学への一貢献』と題した博士論文で社会学の博士号学位を取得した後、精神分析者としてのキャリアを積んでいった。ミュンヘン大学で精神分析学を学び、その後 1923年にはベルリン精神分析研究所で生粋のフロイト派の教育を受け、フロイト理論の強い影響を受けた。研修を終え、1926年には自身の精神分析療法で患者の治療を始めた。

　1926年から29年までの間、フロムはミュンヘン大学で心理学と精神医学を学び、フランクフルトではフロイトの弟子カール・ランダウアーに師事した。1926年には、ベルリン精神分析研究所所員だったフリーダ・ライヒマンと結婚した。フロムは精神分析者としてさらなる研鑽を積み、1929年から30年にかけてベルリン精神分析研究所で理論的および実践的精神分析学を習得して修了した。

1　フランクフルト学派

　社会学と精神分析学の両方を専門とするフロムは、精神分析を社会研究に導入する目的で、1930年にマックス・ホルクハイマーの所長就任後にフランクフルト社会研究所に招聘された。ここの研究者グループはフランクフルト学派と呼ばれ、マルクス理論を基盤とした社会理論を展開し、精神分析学、社会学、実存主義、など多くの学問分野に貢献した。具体的には、マルクス理論の概念から資本主義経済システムを分析し、独占企業の強い影響力、テクノロジーの役割、文化の産業化、資本主義社会における個人の衰退などの諸現象を解析し、多くの研究結果が同研究所発行の『社会研究誌』で発表された。ファシズムや権威主義も重要な研究課題であった。フロムも、1930年に論文を発表して精神分析理論とマルクス理論の融合を試みた。

　また彼は、1930年に論文「キリスト教義の変遷・宗教の社会心理

学的役割研究」を専門誌『イマーゴ』第16巻に、1932年には「精神分析的性格学とその社会心理学との関係」と「分析的社会心理学の方法と課題」を『社会研究誌』に投稿した。

しかし、アドルフ・ヒットラーが権力を握るようになると、多くの研究所員はドイツから追放され、社会研究所も閉鎖せざるを得なくなった。その後、一時的に研究所はジュネーブで活動を再開したが、その後1934年にはニューヨークのコロンビア大学付属機関として再建された。フロムもドイツからアメリカに移住した。

2 新フロイト派

新フロイト派とは、ドイツ生まれのアメリカの精神分析医、カレン・ホーナイがニューヨークに新しくできた社会研究所に転職して率いた研究者グループに始まる。フロムも当初からメンバーであった。

メンバーは基本的にはフロイト精神分析学理論を引き継ぐ心理学者たちであったが、フロイト理論から生物学的な面を排除し、人間が営む諸々の社会力学を理論に組み込んだ。新フロイト派では、人間は社会文化的条件によって成り立つ存在であると捉えており、対人関係を最重要視し、しかも精神障害を社会構造との関連で研究した。

フロムは、1934年、35年に論文「母権理論とその社会心理学との関連」、および「精神分析理論の社会的意義」を機関紙である『社会研究誌』に掲載したが、両論文ともフロイト理論を再検討するものであった。

フロムは、人間の性格や成長がどのように社会構造と関係するのかという課題を追究し、リビドー、精神構造、パーソナリティ、タイプ別気質などに関するフロイトの諸理論に疑問を持ち、分岐に至った。

彼はまた、「人間の本質は生物学的に生まれつき持っている衝動によって決まる」というフロイト理論にも同意できなかった。フロムは、「人間はその存在条件によって定められる根本的な『本質』がもともと生得的に備わっているので、その本質を具現化するには文化的諸要素が決定的である」という人間観を持っていた。フロムは精神分析学における「文化派」の名で知られるように、パーソナリティ形成における社会構造の影響を研究する分野を開拓した。

フランクフルトでの発足以来、社会研究所のプロジェクトであっ

た「権威と家族の研究」では共同研究に参加したものの、フロムは1937年に研究所を離職した。その後、第二次世界大戦中の1941年にフロムの名を不滅にした『自由からの逃走』を著したのである。

フロムが『自由からの逃走』を刊行すると、彼への評価は高まった。その結果、ホーナイといがみ合うようになったため、他の研究者や妻であったフリーダ・フロム・ライヒマンらと1943年に精神医学、精神分析学、心理学研究のために、ウィリアム・アランソン・ホワイト研究所を設立した。

3 その後の執筆活動

一年後フロムは、フリーダ・フロム・ライヒマンと離婚し、ヘニー・ガーランドと再婚した。1950年には新妻の関節炎の療養のためにメキシコに移住し、メキシコ国立大学医学部で精神分析学の教授を務めることになった。

二番目の妻が死去した一年後の1953年、フロムはアニス・フリーマンを三番目の妻に迎えた。メキシコ在住中に、フロムは多くの著作を残した。1955年の『正気の社会』、56年『愛するということ』、59年『フロイトの使命』、60年『禅と精神分析』、61年 *May Man Prevail?*、62年『疑惑と行動』、64年『悪について』などがある。さらに1965年のメキシコ国立大学退職後も精力的に執筆活動を行い、66年に『ユダヤ人の人間観』、68年『希望の革命』、70年『精神分析の危機』、73年『破壊』、76年『生きるということ』、80年『フロイトを超えて』などが刊行された。

『自由からの逃走』は、フロムが長年探究し続けた現代人の性格構造研究という大きなテーマの一環で、個人の心理要因と社会的要因の相互間の諸問題が取り上げられている。フロムは、この中で、中世社会から現代社会への変遷で、人間の自由や自覚が増大したことにも言及し、社会的束縛から解放されて自由を手に入れた現代人が、新しい不安や自由から逃れてナチズムのような権威主義運動へと向かいがちな様を明らかにした。『自由からの逃走』でもっとも重要な個所は、「性格と社会的プロセス」いう20ページに亘る付録である。この中でフロムは性格学理論を公式化し、「社会的性格」という重要語句を初めて用いた。

1955年刊行の『正気の社会』は『自由からの逃走』の続編であると彼は言った。その中ではサディズムやマゾヒズムの権威主義的性格の問題が主に取り上げられている。また、『正気の社会』は『悪について』に引き継がれ、フロイトのリビドー発達の仕組みに代わるものとして、さまざまな性格性向についての概念が展開されている。『正気の社会』では「人道的精神分析」の概念が明示され、20世紀民主的社会には自由から逃走する多くの方法があることが示されている。とりわけ、フロムが「人間疎外」[15]と表現した特別な概念について解明が試みられている。そして、「人間疎外」の問題解決策として、彼は、啓蒙や自覚を推奨している。それは、人は社会的関係の中で絆を持つことで帰属感の要求を満たすことができる可能性があると期待してのことだった。

　1963年の『革命的人間』では、人間の基本的欲求を理解することが、社会と人間、自己自身を理解するために不可欠であることが叙述されている。フロムの主張は、社会システムは、同時に異なったニーズを満足させるのを困難にしたり、不可能にしたりするので、個人心理と社会心理の両方に食い違いを生ずるというものである。

　人道主義的なフロムの精神分析はそのほかにも、人の気質、倫理学、愛、批評、フロイトやマルクスの理論の分析、精神分析と宗教などに関係する特徴を持つ。これらの構想は、1950年の『精神分析と宗教』、56年の『愛するということ』、60年の『禅と精神分析』、62年の『疑惑と行動』、64年の『悪について』、68年の『希望の革命』、70年の『精神分析の危機』に述べられている。

4 | マルクス理論

　カール・マルクスは、フロイトと同様にフロムの人生にもっとも強く影響した人物の一人であった。ドイツ南部で行なわれたラジオ・インタビューでフロムは、自己発達やヒューマニズムによって人間が解き放たれることの重要性を世俗的に解説したマルクスについて言及し、世間に誤解されていたマルクス理論の正当性を明らかにしようと試みた。

フロムがマルクス理論研究にはじめて出合ったのは、多くの学問分野に関連のある社会理論にマルクス理論を適用したドイツのフランクフルト社会研究所だった。この研究所は、ドイツの主要大学付属機関の中で最初にマルクス理論を志向した研究センターであった。研究所長にホルクハイマーが就任すると、プロジェクトとして精神分析学が社会研究に導入され、社会学と精神分析学の統合的研究を遂行するためにフロムが所に招聘されたのである。彼は論文を発表して精神分析学とマルクス理論の融合を試みた。米ソ間の冷戦中、1959年の『フロイトの使命』に続いて、1961年には主要作品の一つである『マルクスの人間観』を著した。マルクスとフロイトからの影響は、フロムが人間の在り方を探究する基盤になっている。フロムがマルクス、フロイト両者の理論を深く洞察し、マルクスについての世間の虚偽や誤解を正すための研究はフロムの中心的研究の一つと言ってもいいだろう。

　フロムの発言のねらいは西洋社会でのマルクス主義の誤解を解くことであった。誤解の原因は、世間がマルクス理論に無知であったことや、恐怖のスターリン主義にマルクス主義の理論を誤って適用したことにあると捉えた。

　フロムは、マルクスを19世紀ドイツ観念論[16]の限定規定を超えて実践に移し、人間性について新たな概念をつくり上げた熱心な人道主義の改革論者として叙述した。フロムは、マルクスの主張が直接的に経済条件と関連する部分にはあまり注目しなかったが、人間性こそが人間自律の歴史を築くという部分においてマルクスの主張を断固として支持した。

　フロム研究者のG. P. ナップが、「フロムが最初に取り上げたマルクス思想は、人間の意識の根源 ── イデオロギーや合理化による真の知覚の歪曲 ── と関係がある」と述べているように、これらの問題に関してフロムは、マルクスがスピノザの合理主義、ヘーゲルの動態的歴史観、そして究極的にはフロイトの人間意識の探究と密接に関連づけられると主張したことも明らかにしている[17]。さらにナップの見解では、「マルクス理論では、歴史的変遷やその進歩はゆるぎない教育過程によって可能になるのであって、労働者階級が先導的な役割をすることには何も触れられていない。しかしながら物

欲的な生活では、生産方式が、生活の知的活動をも含めた一般的な社会状態の雰囲気を決めてしまうから、人間存在を決定するのは人々の社会的条件であって、その人たちの意識などではないのである。それは、社会的条件が彼らの意識を限定してしまうからである」[18]。

マルクスは、ダイナミズムによって描写した社会的プロセスにおいては、ヒューマニズムが活発で独自の役割を果たすだろう、と期待していた。フロムにもっとも強烈な影響を与えたものこそ、このマルクスのヒューマニズム志向の教育思想だったのである。

マルクス理論について二番目にフロムが取り上げたのは、人間の本質に関してであった。マルクス思想の中心要素の一つに「生産的」か、「生産的でない」かの区別がある、とフロムは見た。この区別から我々はフロムの倫理的性格学とマルクスの人間観との間には密接なつながりがあることを垣間見ることができる。マルクスにとって人間とは、内面的な力を認識して全世界を理解し、生産的で、外界との関係性をもって活動する存在であった。逆に、生産性に欠けていることとは、実際には人が活動していないことを意味した。この点でフロムは、自分がマルクスと同系列にあることに気づいていた。というのも、彼も人間は生産的であること、つまり、自覚、自己認識、自己実現といった精神的プロセスを重視していたからである。このようなプロセスは、資本主義社会におけるモノ、モノ化した人間、さらには抽象的なモノとの関係から見た所有欲、所有物、過剰消費などの観念に固有なものである。またフロムは、人間は互いに自発的な関係にあるべきだ、と力説していた。

マルクスやフロムの説によれば、共産主義だけがモノの虜になっている人間を解放することができるというのである。「十分に発達した自然主義としての共産主義はヒューマニズムであり、完全に開花したヒューマニズムは自然主義だ」と。この文面は、「所有」志向と「存在」志向とを区別したフロムの人間存在の概念を浮き彫りにしている。

フロムがマルクス理論から受けたさらなる強い影響は、人間疎外の概念である。これはもともとヘーゲルから派生したものであった。疎外は、人間が生産的であることの大敵である。マルクスにとって疎外は元来、資本家と労働者の不一致の結果であり、それは生産方

法と人間の生産力に起因するものだった。フロムの見解では、疎外された労働者や個人資産は、自然からも、現実の生活からも、また、精神的・感情的に充実した完全な存在であることからさえも統一体としての人間性を永続的に疎外する。結果として自発性や関係性を必要とする人間は少なくなり、徐々に社会的に政治的に経済的に必要とされる人工的なものへと置き換えられてしまうのである。資本主義社会において個人は意図的につくられた必要性にコントロールされるようになり、そのことが、社会によっては個人に次から次へとモノが欲しいと感じさせるようにしてしまう、というのである。したがって彼の人間疎外と経済との結びつきの理論は、多くの点で予言とみなされたに違いない。

全体的に見て、フロムはマルクス理論とフロイト精神分析学を統合したと言えるだろう。結果的に彼自身の社会心理学理論を実らせて、マルクス理論への世間の誤った考えを払拭したのである。

5 | 倫理学、神秘主義

フロムの思想に影響を及ぼした倫理学は、彼がタルムードを勉強した幼少期まで遡ることができる。後にその関心は心理学だけでなく倫理学や神秘主義へも移っていった。1926年に正統派ユダヤ教を放棄して一時的に禅仏教に興味を抱いたが、その後はアリストテレス[19]やスピノザの倫理学がフロムの思想に影響した。

G. P. ナップの分析では、「生産性」はアリストテレスの「魂の活動」を基にしているが、同時に「フロム自身の倫理的基本原則の中心的用語」になっていることは確かである。それに、「幸福は全体として個人自身と世界との間で活発な精神的遭遇が生じることに他ならない」とフロムが述べたことからもそう言えるだろう。このような考えがフロムの倫理学に強く影響を与え、「生産的である」とか「人間が幸福な状態にある」とかが彼の中心的概念になったことは確かである。

高潔で崇高な体験の一つ一つが関係性の結果なのであるが、一方で、惰性や不活発であることは精神的知的発達に有害であるとされ

る。アリストテレスは、美徳は活動であると定義づけており、その活動というのは肉体的、知的、感情的な活動の合成にある、とした。アリストテレスもフロムもその概念では、人間の性質、それも特にその倫理的基盤においては、動的な実在と捉えられている。両思想家ともに絶え間ない積極的行動主義を通してだけ、魂の完成が得られるはずだと力説している。G. P. ナップはその著書『生きるということ』の中で、「フロムはアリストテレスの倫理学に感化されて心的運動の性格学を再構築しようとし、倫理学の人道的概念を成立させるに至った」と述べている。

フロムは、人間の在り方を基盤にした自分の考えはいくつかの点で神秘主義と類似していることを見出し、個人や社会やその両者間の関係性を神秘主義に関連する心理学的研究へとその枠を広げていった。それらは、自覚（認識）、共感の役割、エネルギーの増大などの表現で表され、神秘主義固有の心理学的側面と同様であった。人は一度でも自分自身や環境の何かに完全に気づき、自覚を得たなら、その人本人も、その対象も、それ以前とはまったく別の存在のようになる。統制された注意力によって活発さは促進される。心を、ある対象物、考え、的を絞った瞑想に固定させるというのは一般的な例である。

フロムが神秘主義に興味をもったのは、魂の究極段階に達してその状態を理解するためであった。人間の精神的成長の概念は、フロム理論の「目覚め」、「自覚」、「自己解放」、「瞑想」、「人道的精神分析療法」に取り込まれている。

その中心的思想は、常に人間の内面の探究であった。つまり人間が善の存在になるか悪の存在になるか、あるいは生産的になるか非生産的になるか、の可能性をもつ精神性に向かう研究であった。もっとも評判の良かった『自由からの逃走』の刊行後、フロムは著名な大学教官になり、精神分析家になった。彼の社会的問題への関心が宗教や倫理学に変わり始めたのは1940年代半ばで、その影には二番目の妻、ヘニー・ガーランドの影響があった。ミシガン大学、ニューヨーク大学教官を経て、イェール大学で、カール・ユング (Carl G. Jung 1875-1961)[20] も教鞭をとったことのある名誉ある地位にも就いた。ここで精神分析学、倫理学、宗教の関連性について講

義を行い、それらは後に、『精神分析と宗教』にまとめられた。

アリストテレスのダイナミズムや積極的実践主義、エックハルト[21]やユングの神秘主義、そしてスピノザの合理主義などフロム思想に影響した一見相容れそうにない方向性は、ことばどおりに受け取れば互いが互いを排除したはずだった。ところがそれらは、フロムによって組み合わされ、統合されたシステムとして生まれ変わったのである。フロムの新たな概念や理論のどれにもその統合が見られると思われる。だからこそ彼は折衷主義的だとか弁証法的だと呼ばれるのだろう。フロムは常に一つの理論を繰り返しじっくり考えぬき、それを他の、時には相反する理論と比較、融合させたのである。そして、こうした彼の心中での論議は、とうとう全体論的な人間観に結実したのである。

■注

1) Gerhard P. Knapp（1943-）：フロムの研究者、専門はドイツ語、比較文学論。著作 *The Art of Living* の中で、フロムのミドルネームは尊敬する祖父の名ゼーリッヒマンを取ったものであるが、よくピンチャスと書かれている、と述べている。
2) ヘブライ語で「師」の意味。宗派に相違はあるが、ユダヤ経典やタルムードの学術的研究において資格をもつ人物。ユダヤ人社会や信徒団の「魂を導く者」、「宗教を教える者」として活躍する。
3) 旧約聖書に次ぐユダヤ教の聖伝。ヘブライ語のタルムードは「勉学」、「学習」を意味し、古代教義を編集したものをいい、伝統的宗教を重んじるユダヤ人にとって神聖な規範になるものとされる。
4) Sigmund Freud（1856-1939）：オーストリアの内科医、神経科医、精神科医。精神分析の創始者の一人。
5) 古代ギリシャ神話『エディプス王』の物語からフロイトが導き出した概念で、「子どもは異性の親に対しては性的衝動を向け、同性の親にはライバル意識を持つが、この傾向は子どもの正常な発達において必ず通過する過程である」という理論。P.44 第2章5：エディプス・コンプレックス参照。
6) Funk. "The Jewish Roots of Erich Fromm's Humanistic Thinking", p.2
7) 586B.C.にバビロンへ連行されたのをはじめとして、ユダヤ民族は中東から地中海沿岸各地に離散し、コロニーをつくった。その土地の言語・文化を受け入れつつ、自分たちの信仰を守った人民は、diaspora（離散の民）といわれた。シオニズムとは、ヨーロッパの中世的反ユダヤ主義を取材し

たオーストリアのジャーナリスト、T. ヘルツルが1896年に発表した『ユダヤ人国家』で、ユダヤ人が自ら国家を設立し、諸外国がそれを認めない限りユダヤ人問題が解決しないことを主張した運動のことであり、翌1897年に彼はバーゼルで第一回シオニスト会議を開き、1917年、イギリスがその運動を認め、1947年11月国連がパレスチナでの建国要請を認め、翌1948年5月にイスラエルは独立国家となった。この建国に関わったユダヤ民族をシオニストと呼び、前者のように離散して他国に住むユダヤ人と区別した。前者はエルサレム詣はしても、国家形成は考えなかった。

8) Fromm. *You Shall be As Gods*. Halt, Reinhart & Winston, 1966/邦訳『ユダヤ人の人間観』p.12.

9) Martin Buber (1878-1965)：ドイツのユダヤ教徒、宗教思想家、聖書翻訳・解釈者。*Ich und Du*（1923; *I and Thou*『我と汝』）の著者。

10) Baruch de Spinoza (1632-1677)：オランダの哲学者でユダヤ人。デカルトの合理主義に立ち、個々の事物を神の様相をとらえ、汎神論の立場をとった。『エチカ（倫理学）』、『神学政治論』、『知性改造論』などを著した。

11) Karl Marx (1818-1883)：革命論者、社会学者、歴史学者、経済学者。エンゲルスとの共著『共産党宣言』は社会主義運動史におけるもっとも著名な論文である。

12) Rainer Funk (1943-)：フロムの高弟でフロムの研究者。チュービンゲン大学教授。フロムの遺著管理者、国際エーリッヒ・フロム協会を率いる。著書『エーリッヒ・フロム ── 人と思想』他。

13) Funk. "The Jewish Roots of Erich Fromm's Humanistic Thinking", p.5

14) D. T. Suzuki (1870-1966)：西洋に最初に禅仏教を紹介した日本の仏教学者、思想家である。東京大学に学ぶ。若い時期に、当時の禅師、今北洪川、後に釈宗演に弟子入りし、「悟り」の境地に到達した。

15) 社会科学における「人間疎外」の意味は、自分の環境、仕事、作品、あるいは自己自身から引き離された感情の状態を言うが、具体的にはフロムは、「無力感」、「無意味感」、「社会的孤立」、「文化的疎遠」、「自己不和」などを意味した。

16) 18世紀後半～19世紀前半のドイツで起こった思想運動。1780年代、90年代のカント思想から発展し、ロマン思想や啓蒙思想と関連をもつ。思想家ではフィヒテ、シェリング、ヘーゲルがもっともよく知られている。

17) G. P. Knapp (1943-) *The Art of Living: Erich Fromm's Life and work*, p.110

18) G. P. Kapp. *The Art of Living*, p110

19) Aristoteles (384B.C.-322B.C.)：古代ギリシャの哲学者。プラトンの教え

を受け、形相（エイドス）は質料に内在する本質であると説いた。著作として『形而上学』、『オルガノン』、『政治学』、『自然学』、『詩学』他。
20) Carl G Jung (1875-1961)：スイスの心理学者、精神科医。フロイトの精神分析学に対応する分析心理学を開発した。外向的・内向的性格・元型・集合的無意識の概念を提案し、発展させた。
21) Johannes Eckhart (1260年頃-1328年頃)：ドイツ、チューリンゲン生まれの著名な神秘主義者でドミニコ会神学者でもある。パリ大学でマイスターの称号を受けMeister Eckhaltとしても知られる。

第2章

フロイト理論への疑念

フロイト精神分析学理論を学び、その強い影響下にあったフロムだが、リビドー、精神構造、パーソナリティ、タイプ別気質などに関するフロイト諸理論に疑問をもつようになり、分岐に至った。パーソナリティや性向に関するフロイトとフロムの基本的相違では、ギリシャ神話『エディプス王物語』についてフロイトが行なった精神分析的解釈と、フロムに影響を与えたバッハオーフェンの母権理論を基盤とした解釈を通して得た、フロムの見解を紹介する。

1 | フロムの性道徳論
（人間と動物の大きな違い）

　フロムは、「フロイト精神分析学の生物学的側面の理論は、チャールズ・ダーウィン（Carles Darwin 1809-1882）[1]の進化論と、エネルギーの概念に影響されており、フロイトはそれを中枢神経系に適用した」と述べた。フロイトのもっとも基本的な仮説では、どの子どもも基礎的な心的エネルギー源をもって生まれると説明されており、それをリビドーと呼んだ。子どものリビドーは、感情の発達過程において、周りの人やモノ以外にも自分の身体のさまざまな部分に関心をもつようになると推測された。さらにフロイトは、精神症状は、リビドーが誤って導かれたり、不適切に放出されたりした結果であると考察した。

　フロムはまた、フロイト精神分析学理論は唯物論的で、自然科学心理学の特徴がある、と捉えていた。その理由は、フロイト精神分析学では、人間の本能は人間行動の背景となる動機から成り、無意識の本能は人間の精神活動の一番の動機であると決めつけていたからであった。フロムの初期の論文「分析的社会心理学の方法と目的への貢献」では、「フロイト・メソッドの一端、つまり、外界からの刺激に対する個人の反応としての心的構造の説明に関する限り、我々も基本的にはフロイトに同意する。我々人は元来身体的にしっかり固定された欲求によって突き動かされている、という点が基盤となって、心的衝動はそれを満たすための一種の外界からの刺激への反応であると理解している」と述べた。

　フロムは基本的には、個人と社会との相互関係を加味することで

フロイト理論を部分的に修正した。その修正に用いた理論の多くはバッハオーフェン、マルクス、エックハルト、ユング、ブーバー、鈴木大拙から受けた影響であった。

同時に彼は、フロイト・リビドー理論で語られた性格特質は、社会的、文化的、歴史的、経済的な背景、家族関係、社会構造、個人と社会の関係性、人間の生産力や行動力など、性格に重要な影響を及ぼす多くの要素が考慮されていないことを指摘した。[2] フロムは、フロイトが心的衝動を性的欲動の意味においてのみ社会的文化的現象に適用したことに疑念を抱いたのである。心的衝動は、物理的反応と文化的生産の二方向で取り上げられるべきものである、というのがフロムの考えであった。

フロムは、フロイトの本能の概念では、一般的に個人は本能を基盤としない第二の性格を形成するものだという事実が見逃されていると指摘した。

フロムは、動物の環境に対する適応は本質的に受身的であるが、人間の適応は受身的であると同時に能動的でもある、と述べた。ダーウィンは、動物と人間の生理学的、解剖学的構造の発達は、環境への適応の過程として理解されることを示した。フロムがフロイト理論に関してダーウィン説を批判した理由は、ダーウィンが、「因果関係というのは生き物が環境に適応することにある」としか考慮していない、というものだった。それゆえ、人間の能動性を強調するため、「人間は周りの環境から受動的に影響を受けると同時に、その反動として周りの環境を能動的に決定する」と異論を唱えたのである。この能動的に外環境を決定するという部分にフロイトが留意していない点に、フロムは批判的だったのである。人間と動物の違いをフロムは次のように強調した。「人間には歴史があるが、動物は歴史なしで存在する」と。

また彼は、「動物は根本的に遺伝的にその環境に順応している」と、さらなる違いについても言及した。「遺伝や本能は動物と外環境との関係を調整するが、その関係は比較的固定されていて、変わることがない。しかし人間の場合には環境への適応はもはや遺伝的に固定されるものではない。それに替わって、歴史的に人間の適応が起きている。この適応の過程で人間は自分自身をも環境をも変えるので

ある。環境への固定された遺伝的態度は人間の中では失われたり、一時的にストップしたりする。そうすることによって歴史や文化の実現がみられるのである」と解説した。

フロムは人間心理を精神組織や体内物質から切り離して考えた。フロイトにとって人間心理現象は身体的反応を伴うものであった。フロイトの推測は、現代の脳科学や神経学や精神科学の立場からすれば当然のことであったと言えるかもしれない。しかし、当時はこれらのメカニズムが全く不明であったため、人間精神や心理現象が文化的現象の一面として捉えられたのだろう。以下は、この問題に関するフロムの見解である。

「動物のように人間にも身体組織を基盤とした多くの欲動がある。そのもっとも重要で、誰もが認めるものは、空腹感、のどの渇き、性的能力である。これらの身体的欲動は生理的で、特に体内物質により生産される緊張のはけ口である。このような生理学的欲動の最終目的は、人間や動物を「生きる」ことに駆り立てることである。つまり、そういう欲望を満たさせるために、人間や動物を外環境にひきつけることなのである。しかし、そのような行為は下等動物に対比して人間では固定的ではない。すべての人に共通する唯一の条件は、社会的存在としてのみ生産的に存在する、つまり、性的満足だけではないということだ。しかし生命を保つためのすべての欲望は、人間が他者と社会的関係を結ぶことを必要としている。」[3]

このパラグラフからは、「所有すること」、「所有物」、「目覚め」、「自覚」、「認識」など、人間のさまざまな様態や行為を強調したフロム理論の展開がうかがえる。「性的満足のみならず生命維持に必要な要求……」という文面は、一般的に人々は自分の所有欲を満たす傾向があることを暗示している。それはある意味で必要性から、また、ある意味では虚栄心から、また、ある意味では、社会の雰囲気に助長されたり、誘導されたりしてのことである。

フロムは、個人が性的欲求を満たして自分自身であり続ける、という形式は自然の定めであると認めていた。しかし、「商品の購入や

消費、一個人の力の程度、というような生産の形式、生産力の向上などはもはや自然の域ではなく、人の生き方を左右し、なおかつ、その人の精神構造、人間関係、その人特有の欲求の満たし方の結果として生じる特異な衝動や恐れなどを決定づける」と主張し続けた。

さらに、「したがって、我々は識別されなければいけない二つの精神状態の原型にたどり着く。その二つのものとは、生得的に与えられた欲動と、社会過程の中で発現した歴史的精神的衝動であり、それらが、人間心理の対象をつくり出すのである」と続けた。

人々は心理的に、特に精神構造において違いがある。フロムが重視した精神構造の原型というのは、他者、および自分自身に対する個人の態度のことを意味するのである。

2 | 家　族　論

次にフロムは、性的欲望に関連づけたフロイトの子どもの発達理論について、「人間性」という点から再考した。フロイトが推測した「人間のもっとも重要な欲動や性向のほとんどは、さまざまな性的特質から説明されるべきである」という主張では、「人間性」という存在概念自体がリビドー理論の前提になっている、と批判した。[4]

フロムは、フロイトの子どもの発達理論を基盤にして、子どもが家族から受ける付加的な影響に言及した。

「6歳くらいまでの子どもの生活の中心は、基本的に家族やその周辺に限られているから、子どもにとっての家族は特定の集団であり、子どもの性格形成に特質をもたらすはずである。パーソナリティの個人的な違いに関する限りこの見解は正しいし、性格形成における諸々の違いの根拠は、その家族に特有なものとして見つかるはずである。蓄財、営利目的、売り上げ競争、どんな欲望もお金で満たす可能性、などは社会生活上とても大切だが、子どもの生活では、そういったことが何の役にも立たないほどよいのである。」[5]

またフロムは、個人が帰属する社会や社会的階級に典型的な性格形成はどのようなものか観察し、後に、その性格を「社会的典型的性格」と名づけた。

子どもは社会やその価値観や思潮に直接かかわることはないから、両親が媒体としての役割を果たし、子どもはそこから社会情報を得ているに違いないと判断した。「媒体」という用語からフロムが、個人と社会、あるいは他者との関係性をかなり重視していたことがわかる。このことに関するフロムのことばを引用すると、

> 「家族は社会全体構造の産物であるから、社会生活を営む上でのもっとも重要な側面を子どもに持ち込む。子どもにとって両親は社会の代表者なのである。これは家族の大きな特徴であり、家族内での子どもの役割についても同様のことが言える。子どもに対する親の権力が非常に強い父権的家族は、確実に現代社会の一産物である。家族内の父権にはどのような役割があるか、子どもがどの程度この権力に依存しているか、どの程度その権力に服従しなければならないか、この服従を手に入れるのにどのような方法が利用されるかなどは、両親の個人的な特性にかなり左右されるだろう。しかし、本質的には両親は完全に社会や階級内の主従関係に支えられているのである。」[6]

さらにフロムは、フロイト理論における家族の因果関係にも言及し、幼少期の体験が子どもの発達を決定づけるとフロイトが推測したことだけでは、子どもの発達を語るには不十分であると考察した。子どもの発達を決定づけるのは、家族の影響だけでなく、子どもが住む社会であることを強調した。さらに、そのような影響は、両親がどのような社会に住み、どのような影響を社会から受けているかによるのであり、この点こそが、フロイトが見落とした点である、とした。[7]

そして次のように両親と子どもの関係性について論じた。

> 「上層階級社会では、社会内の権力関係と同様の力関係を家族の親子関係につくり出す。このことは、その家族独特の構造であるだけでなく、社会構造にも見出されることである。子どもがその

家族で馴染んだ力関係は、後にその子どもが社会に出たときに必ず見出すであろう。慣れ親しむことは習慣をつくるというような表面的なものではなく、欲動構造を形成するものである。だから、人は後に帰属する社会の視点で、前もって書かれたシナリオどおりに社会での役割をギクシャクせずに遂行できるのである。もしも、成人の精神構造がその人の過去、幼少時の経験によって決定されてしまうというのが正しいとすれば、その逆に個人の未来が、つまり将来の役割が過去を限定するというのも正しいことになってしまうだろう。これでは、帰属する社会での立場が個人の過去を規定する条件になってしまうことになる。」[8]

「しかし、家庭内における子どもの経験は、基本的な家族構成や両親への依存関係だけでなく、それ以上に大きな家族内の全体的な雰囲気によって決定づけられる。個人としての違いではなく、家族としての大きな特徴において、両親の性格は社会によって埋め込まれ、もっと明確に言えば、帰属階級独特のものである。子どもは両親の性格特性を第一の、もっとも重要な人間表現の形と見なし、自身の中に類似の性格をつくり出すように反応するのである。」[9]

3 | 権 威 論

フロムのフロイト理論へのさらなる異論は、権威についてである。フロイトは、権威は、無意識をも含めた人間意識の構成要素の一つとして、スーパーエゴの形をとって子どもの発達過程、子どもの家族関係に大きな役割を果たすと推察した。なぜなら、スーパーエゴは、最初は両親からの「〜してはいけません」という禁止、「こうしなさい、ああしなさい」という命令を取り込んだり、受け継いだりしたことに始まり、その後、子どもの成長過程で手本となるような重要人物、たとえば、教師などの影響下で子どものパーソナリティの中で発達し、それは「良心」とも呼ばれ、人格をコントロールする役割を担う、とフロイトが推測したことによる。したがって、フ

ロイト理論ではスーパーエゴを内面化された権威と捉え、自己を監視し、理念をつくるものと捉えている。

パーソナリティ構造のメカニズムを中心としたフロイト理論を紹介する一方で、フロムは、スーパーエゴの概念を個人と社会の関係性の延長線として捉えた。1936年の論文「権威の心理学的研究」で、小作人の父と息子、士官と兵士、医師と看護師、牧師、僧侶と信者、教授と学生などの人間関係における権威に言及した。このような間柄の権威は、尊敬、恐怖、愛情、賛美、承認、畏敬、嫌悪などといった感情との結びつきから切りはなして明確に限定するのは不可能なことである、とフロムは説明した。そして、人は権威に対してどのような反応をするのか、どのような心理的作用を権威はもつのか、どのようなタイプの人が権威を好み、崇拝するのか、という疑問を抱き、模索し、答えを出そうとした。

最初の疑問「人は権威に対してどのような反応をするのか」に関して、フロムは、大多数の人は、恐怖や暴力のせいだけではなくスーパーエゴの働きのせいで、権威的な要請や禁止に応じるようになる、と考えた。その固有のメカニズムは、外的権威がスーパーエゴとして内面化されていることである。結果として、人々は自発的な考えとか、罰せられるかもしれないという恐れから命令や禁止に従うようになるのである。

子どもに関しては、最初の外的権威は父親であると考えられる。父親からの指図や禁止は子どものパーソナリティにスーパーエゴとして内面化され、道徳心や価値観、権威になっていくと推察される。しかし、いったんスーパーエゴが子どものパーソナリティにでき上がってしまうと、そのイメージは権威で社会を支配する人やものに投影されるので、社会における権威のイメージが道徳的でも、高潔でも、知的でもない場合であっても、人々はその事実に責任をもたなければならない、というのである。さらに、そのイメージが再び人のパーソナリティに内面化されてしまうはずである、と。つまりフロムは、スーパーエゴは内面化された権威になり得て、その結果、権威はスーパーエゴの象徴となり得る、という相互関係性を取り上げたのである。

第二の疑問「権威にはどのような心理的作用があるのか」につい

て、フロムは、無意識の中の自由を制約する危険な衝動と欲望のメカニズムに言及した。また、自発的な抑制と、罰せられる恐怖に基づく抑制とは違うことを次のように区別した。「罰せられる恐怖から起きる抑制は意識的に処分され、恐怖をはっきりと感じることはないので、認知することはできないだろう。その反対に、自発的抑制は、気づくことができ、理由によって具体的に処理される」と。

最後に「どのようなタイプの人が権威を好み、崇拝するのか」の疑問について、フロムは、マゾヒズムの性格、つまり、従い、支配され、自分のパーソナリティを放棄し、徹底的に依存することに喜びをおぼえるマゾヒズムの本質的特質を挙げて説明した。マゾヒズムは基本的には性心理障害であり、ぶたれたり、征服されたりすることなど自らに痛みが加わることによって達成されるような性愛の満足感を得ることである。しかしフロムは、マゾヒズムから性的な意味を排除した。マゾヒズムは一般的にパーソナリティ内にサディズムを伴うとされ、サド・マゾヒスティック[10]と呼ばれた。フロイトの解説に対し、フロムはその性格を権威的性格と表現した。

フロムによれば、このような性格をもつ人は、権威主義社会の要求に満足し、自分のパーソナリティを放棄することに満足し、自分を権威にささげることに満足するようになる傾向がある、というのである。同時に、そのような人は、弱者、女性、下級クラスの人々、囚人、少数民族、動物などに命令し、苦しめることに楽しみを見出し、満足感をおぼえる。だから権威主義社会はマゾヒスティックな性格構造の基盤の上に出現する。なぜこのような人は、自分をより高い、力強い権威に従属させたがっているのかは、従属がその人のもつ恐怖心を減少させるからである。つまり、このような性格をもつ人は、弱者にも依存しているのである。

この考え方に、精神分析学と倫理学を統合したフロム独自の理論も加えて、彼はフロイトのパーソナリティ構造理論の再考を試みた。この再考はフロイトの性器的性格を改め、生産的性格志向とみなした。初期の論文「社会心理学の方法と目的への貢献」や、著書『自由からの逃走』というタイトルからも明らかなように、フロムは行動的な性格理論に固執した。

フロムの言及では、性格はフロイトが推察したような特定の本能

的生産物ではなく、社会的、文化的経験や人間相互間関係に基づくものとしている。したがってフロムにとって、人間とは、権威だけに限った実在でもなく、動的有機体としてあらかじめ方向づけられた生物学的構造だけの存在でもないけれど、環境条件によって形成されるその他の要素によっても構成されている存在なのである。したがって、フロムは経済的要素も積極的に視野に入れて人間を観察したのである。

　個人と環境との関係性を強調したフロムの理論は、子どもの成長過程における両親からの影響を重視し、子どもにとって両親は社会の代表者であるとみなした。父権社会の場合、家庭内における親の権威は、スーパーエゴと同様の役割をもち、両親や教師のように子どもにとって重要なモデルとなる人物は無意識に子どもの良心として内面化される、というものである。

4 | パーソナリティ論
（タイプ別性格）

　パーソナリティ、性格志向についての解釈は、フロムとフロイトではどのように違うのだろうか。フロムはフロイト性格理論を個人と環境条件との関連性の概念から再考し、環境からの影響を考察してフロイト理論に補足を加えようとした。

　人格学は一般的に三つの異なった根源があると言われている。その三つとは、第一に遺伝環境学、第二に子どもの発達、動機、性格特質、行動、態度など個人への社会的影響を含めた社会学、第三に社会不適応者の臨床的観察である。しかし、これら三つの根源の統合こそ、パーソナリティ研究に非常に重要であると考えられる。

　おそらく、もっとも影響力のあるパーソナリティの統合理論は精神分析学であると言えるだろう。フロイトの功績により精神分析学は20世紀初期には広く分析法として用いられるようになった。神経症の原因の研究に始まった精神分析であったが、後に、正常なパーソナリティ研究にも適用されるようになったからである。

　フロイト理論におけるパーソナリティとは、子どもの幼少時初期の性的経験やその他のトラウマ的でき事によって形づくられるとさ

れている。診療上の観察から、フロイトは性的トラウマについての妄想は性的衝動の表れであると結論づけ、それ以来、この仮説を一般に性的動因とその防御との葛藤の結果として観察されるノイローゼやパーソナリティとして公式化した。そして、この葛藤は幼少時の発達過程に根ざしていると推測した。

1 フロイト性格論への疑念

フロイトのパーソナリティ発達の想定は、催眠後の状態観察から始まり、患者の幼少期の経験が気づかれないまま無意識の中に潜んで残っていることを暗示するものであった。彼によれば、表面化されない記憶は、環境条件によって活性化される可能性がある。だから、そのような記憶は、たとえ本人が自分の行動の理由に気づかなくても、個人の行動に影響を与える、というのである。

フロムは、子どものパーソナリティ発達においてフロイトのリビドー理論を解釈し、初期の論文の中で次のように述べた。

> フロイトのリビドー理論では、性的特質はさまざまな発達段階を通過すると推察されている。つまり、口唇期、肛門期、男根期、性器期は、それぞれの時期にその性感帯を中心とした何らかの密接な結びつきがあるとされ、サディズム、マゾヒズム、窃視症、露出症などでは、特定の局部的な性的衝動が明らかに認められることが観察されている。外的社会が強いる条件とは全く関係なく、個人は生まれもった生物学的事実という理由から、十分に発達した性器期の性的特質が優勢的な衝動になるまで、すべての発達段階を通過する。[11]

フロイトは、リビドーが環境、それも特に子どもと家族の関係、によって変化しやすいことを認識していた。この意味で、フロイトは環境や家族などの関係性を十分に検討したようである。そしてフロイトのスーパーエゴの概念も当然同様に推察できる。しかし、フロイト理論における子どもとその家族間の関係性は、対人関係の一環として取り上げられたようである。なぜなら彼は、家族を子どもにとっての社会的環境として確信していなかったからである。

一方、フロムは、両親や家庭は、子どもとその環境間の媒体、媒介者の役割を果たすと確信していた。両親を通して、子どもは環境から影響を受け、また逆に、子どもの性格が両親にも影響すると考えたのである。成長に伴い、子どもの環境は少しずつ広がっていき、子どものもつ関係は、学校においては教師が子どもにとって重要人物の役割を演じることになる。大人の場合には、コミュニティや社会のリーダー的存在が、メンバーに対して同じ役割を演じることになるのである。

　フロイトは環境因子を考慮していたとしても、第一に、彼は家族自体が社会や、背景となる階級から影響を受けていること、第二に、その社会が父権社会か、資本主義社会かなど社会体制によって家族条件が制約されることを考慮しなかったと言えるだろう。フロムの視点からは、これら二つのポイントはフロイト理論に欠けている重要な点であると言えるだろう。換言すると、フロイトは、家族という媒体を介して、社会が子どもにも大人にも心理的影響を及ぼすという家族の役割を見落とし、スーパーエゴが家族の役割の代わりをする概念であると理解した。

　フロムは、なぜフロイトが「媒体」という点を考慮しなかったか、可能性のある理由を挙げた。最初の理由は、フロイトの診療経験に関するもので、彼は、中産階級（ブルジョアジー）の患者だけを扱っていたという点、第二は、フロイトは、父権が優勢である家父長制家族の出身であったと思われ、それゆえ、一般の家庭は家父長制家族であると捉えていた点である。

　フロムは、フロイトが家父長制社会と中産階級において現れる家族や社会のタイプにだけしか言及していないことを指摘し、後にフロイトが家父長制家族の条件をエディプス・コンプレックスにまで拡大した理論に異論を唱えた。

　フロイトは、家族状況は家族メンバー同士の対人関係によって成り立つ、と理解し、社会メンバーの中でもっとも典型的な性格は肛門期的性格であると説明した。この推察に対しフロムは、すべての性格のタイプが個人と社会との相互関係の中に見出されることを観察し、さらにそこに、経済的社会的条件も加味して考察した。

　フロムは、フロイトが肛門期的性格の症状を発見したことは、貴

重な発見であったことを認めているものの、この症状に伴う行動が特定の性感帯、あるいは、特定の性格性向に根ざすのではないか、という推察に疑念を抱いたのである。[12]

前述のように、タイプ別性格へのフロイトとフロムのアプローチの違いは、その説明にもっとも顕著に現れている。フロイトは、タイプ別性格を性感帯と関連させてリビドー理論によって説明しており、フロムは、同じ性格のタイプに対して社会的影響の面から取り上げた。

フロイトにとって、性感帯は個人が性格を表現する媒体であったようであるが、一方、フロムにとっては、人間が環境に精神的つながりをもつことが、人類だけが持ち合わせる、しかも、自分の性格を外的世界に表現できる重要な媒体であったのである。さらにフロムは、個人の環境における過程こそが、文化や歴史をつくり上げるものである、と力説したのである。[13]

フロムは性向の両極性を想定し、個人の外的世界との関わり方によって、二つの型に分類した。第一の型は、彼が「同化」と呼んだ「モノに対する関係性」で、この過程では、個人は自分を社会条件に適応させる。第二の型は、「社会化」と彼が呼んだ「他者に対する関係性」である。この過程では、個人の成長傾向、発達傾向、そして独創的批判思考のような本人の可能性がもっとも重要視されているようである。このような傾向は、感情的、感覚的経験という観点からもさらに識別される。フロムによれば、人が、愛するか憎むか、競争し合うか協調し合うか、自由を好むか抑圧を好むか、モノを占有するか自分でつくり出すか、などの両極性は性格表現の根源となる、というのである。

フロムの性格特質の区分は、もともとはフロイトのタイプ別性格への批判から出発したものである。「フロイトの生物学的志向と、我々の社会的志向との違いは性格学として特別な重要性をもっている」と彼は述べた。

実際、一人ひとりの特徴はたいてい複合されていて、一つ一つをそれほどはっきりと区別できるわけではないが、フロムが想定した理想的タイプや、性格の原型をフロイトのものと比較してみよう。

2 フロムの性格論（フロイトのタイプ別性格との対比）[14]

a) 受容的性格

受容的性格はフロイトの口唇期的性格に当たる。このタイプの人は、愛情、保護、知識、物品など、他者から受身的に手に入れられるものなら何でも受容したい欲望をもっている。この種の欲望は子どもの性格の中で、他者との間の経験に対する反応の形をとって発達する。このような経験の中で、もし、子ども自身の強さの感覚が恐怖で弱められたり、子どもに精神力や自信がなかったり、敵意を明らかに抱いたり、行動を抑制させられたりした場合、あるいは、子どもの父母が子どもの降参を条件に、愛情を与え、世話をするなら、子どもの態度はまったく活動的でなくなり、子どものすべてのエネルギーは外へ向かうことになる。そうした場合、子どもの望みすべての実現可能性は結局、外部から与えられることになる。このタイプの人が、食べ物を与えられたり、大事にされるのを夢見たり、幻想したりする理由は、口が他のどの器官よりこの受容態度を表現するからである。

このような子どもが受容的人格として、大人になったとき、一般的にその子は受身と服従への傾向を示すのである。このタイプの人はどのような権威にも従う傾向があり、自分より優勢な相手への依存関係に引き込まれる傾向がある。その人は、自立した行動をとるのではなく、生活の向上を約束する「魔法の助っ人」に依存する傾向がある。自著『フロイトの使命』（1959年）の中でフロムは、フロイト自身がこのタイプに属する、と述べている。

フロムは、受容的性向は主として消費者心理であることに触れた。[15] 現代社会における消費者の問題点とは、消費が広告や市場宣伝に服従することである、という点が全く取り上げられていないことである。こういった広告・宣伝は、消費者によりよい生活を約束して、いかなる商品でも買うように仕向ける懸念がある、と。

b) 貯蓄的性格

このタイプの人は受身的で、自己分離していて、過去に依存し、執拗に整理整頓・時間厳守・清潔感を求め、新しいことに対して疑念を抱く人である。フロイトが分類した肛門期的性格の人に相当し、

所有こそが究極の誘因である。一般的に、貯蓄的性格は生きることや、生き物に対して、あまり、あるいは、まったく関心をもたないけれども、彼らは、規則や、安全 (保障) をもっとも高く評価する。彼らが往々にして保守的であるのは、法則や秩序に魅了されているので、排除すべき新しい概念が入り込んできたとき、その問題を処理できない自分の生まれつきの無能さに不安感をおぼえるからである。

彼らの性格が主に受身的で、気まぐれなのは、受容的性向と表面上は変わらない。貯蓄的性格の人は、フロムが言うところの屍姦的性格[16]と関係があり、現世に生きる代わりに過去に生きることを誇示する。

c) 搾取的性格

搾取するタイプの人は、敵意があり、操作的で、疑い深く、皮肉っぽい性格だと装いたがり、フロイトの分類した男根期的性格に相当する、とフロムは考察した。彼らは外部のあらゆるものを受容し、そこにあると思えるものは何でも欲しがり、自身では何も作り出すことはない。一般に、彼らは強い物質的豊かさのある蓄財に対して強い欲動をもっていて、自ら目標を目指して活動するよりも、力づくや悪賢さで他者から利益を得たがる。搾取的性格は他者の利用、悪用を基盤としている。[17] つまり、彼らにとって他者は一般的に潜在的な有益性や最終目標物、あるいは究極目的への手段としてみなされ、評価されてしまうのである。

フロムによれば、搾取的性格は、受容的、貯蓄的とならんで非生産的性格に数えられる。

d) 市場的性格

フロムは、以上の性格に加えて、さらなる別の性格タイプを挙げた。『自由からの逃走』では、高度に発達した資本主義が新しいタイプの性格を生み出したことが述べられている。新しいタイプというのは、現代における抽象性、非人間性から生まれた性格である。何でも売ろうとする世の中は、流行を追い求め、きちんと包装されていて、市場的性格という新しいタイプの性格をつくり出したというのである。

さらに彼は、市場的性格タイプに関して、「個人のパーソナリティまでもが流行に踊らされ、十把一からげにされ、実質的な価値に対する物欲が評価されて、すべてのものが販売対象にされるから、個人の知識そのものが、一貫性もなく、原則ももたず、方針もないまま、ただ柔軟で社交的で、単に市場を操る表面的な道具に成り下がっている」、「その上、平等という偽装のもとに、個人特性や感情が否定され、結局、そういったものがぬぐい去られてしまう。今日、平等とはお互いが交替可能なことを意味するようになり、まさに個性が欠如している。自己の可能性は、逆に、発育不全のまま成長が止まっている。この性向は、何人とも何事とも関係をもたないこと、人格の特徴に著しく欠けていることによってはっきりと説明できる。このタイプは、与えられた環境、つまり市場にずっと受け入れられ続けるために、常に自分のパーソナリティを入れ替えることができるのである」と続けた。市場的性格の人の人間関係は表面的であり、市場が要求するパーソナリティのパターンにはめられてしまうようである。

　このことに関して言えば、「市場的性格特性は、受身的性格特性と容易に混ざり合い、結果として、これらの特徴を併せ持つ人は、他者との違いを避けるために、自分から進んで自らの考えを捨てるのである。このタイプの人は、ほとんど個性がないと言えるほどすばやい変化が可能で、つくり出された必要性を充足して一時的満足感を味わう傾向がある。このタイプの人の自己評価は、主として所有物しだいであり、映画スター、ポップ・シンガー、テレビに出る人、リッチで申し分のない人、王家の人々のようなある種のアイドルを手本とすることで自己評価するオートマトンと同じであると言っても過言ではない。」[18]

　加えて、「マスメディア、中でも特にテレビ放送によって誘発される心的変化は、この現象のよい例である。マジック・スクリーンへの依存が増加するのに反比例して、人間の基本的能力は急速に衰えてしまう。したがって、このタイプの人は、権威主義に容易に操作されやすく、その明らかな例は、ファシズムに見られる、という。ファシズムのメカニズムには、資本主義が最初に個人に無力感をもたせたという事実と、この無力感が人々を社会的性格へ誘導したと

いう事実がある。無力感はサディズムとマゾヒズムの一因であり、この心的傾向がゆくゆくはファシズムに発展するのである。」[19]

上述した四つの性向は、どれも非生産的志向と呼ばれる。これらのタイプ別性格は、フロイト性格理論に対するフロムの批判を基盤としているため、すべてのタイプがフロイトのタイプ別性格と関連していると言えるだろう。この点を踏まえて、フロムに関する著作のあるゲルハルト P. ナップは、フロイトが示した神経症の逃避パターンは、フロムが考察した性向に匹敵すると、その書中で次のようにまとめている。[20]

【フロムの性向とフロイトの神経症的逃避パターンの対比】

フロムの性格性向 （非生産的）	フロイトの神経症的 逃避パターン
搾取的性向 —	他者のサド的利用
受容的性向 —	他者へのマゾ的依存
貯蓄的性向 —	破壊性
市場的性向 —	オートマトン的服従

e）生産的性格

生産的性格はすべての人間史に登場する。このタイプの人は、自ら生み出す自発的な行動によって世界を生き生きとしたものに回復させる人である。また、この性格は自己の発見と確立、本来の人間関係を築くことができ、他者を愛し、尊敬し、責任をもつことができる人である。フロイトの性器的性格に相当する。

生産的性向はフロムの人道的倫理の典型であり、非生産的性向とは正反対である。『自由からの逃走』では、自発性の概念として定義されている。フロムによれば、人は誰もが生産力をもっており、この性向のきわめて重要な前提条件は愛である。生産的な愛の形は、ケア、責任、尊重、知識を含み、その愛は意識を基盤にし、愛するという知的決断を基盤にしている。そして、人間自身の中に最終的には生産的でダイナミックな力を発揮させるに違いない、という。

自己や他者への自発的関わりを基盤とした生産的な考え方は、個人を社会の営みに積極的に参与する気にさせる。客観的洞察（力）も、主体的洞察（力）もともにこのアプローチの結果なのである。フ

ロムは、自身の講話を仏陀が「四つの真実」を発見した物語との関連で始め、マックス・ヴェルトハイマーやカール・マンハイムのような影響力の強い思想家の言葉でしめくくった。[21] 生産的性向が明らかに「バイオフィリア的（生を愛好する）」性格であることは、『悪について』でフロムが述べていることである。同じことが、『愛するということ』にも書かれている。

この点でフロムは性格について同化と社会化の側面から観察しているが、フロムの叙述を解釈し、性格特性の二つの段階は次のように説明できる。[22]

【フロムの性格特性の解釈】

性格特性	同化	社会化	行動パターン
非生産的	受身的(受容的)	＝ マゾ的(服従的)	＝ 共生
	搾取的（取る）	＝ サド的(暴君的)	＝ 共生
	貯蔵的(保存的)	＝ 破壊的(攻撃的)	＝ 内的
	市場向き(交換)	＝ 無関心(退行的)	＝ 内向的
生産的	生産的行動 (仕事、作業)	＝ 愛＆関係性	＝ 理性的＆思いやり

フロムが定義する「同化」はモノに対する基本的な性格特性と関係するとみなされなければならないが、一方、「社会化」は対人関係に関わるのである。

フロムはマゾ的、サド的神経症をファシスト以前やファシストに見られる権威主義的状態に含めた。破壊的神経症にも同じことが言える。彼は、全体として社会は一つの神経症症状の複合体としてみなされなければならないという推察を早いうちから否定していた。これに関して、1944年に書かれた彼の論文「神経症の個人的、社会的起因」で、すでに性格特性の見解を説明し、特に、これらの性格特性のさまざまな混ざり合いに言及した。それらの記述は、金銭の貯蓄を基盤とする現代資本主義社会における優勢なタイプとして記述されている。

これらの異なった主な性格特性は、どれも経済学用語で限定することもできる。受容的性向は、フロムがフロイトの口唇期的性格としたものであるが、金銭や品物を受容するとみなされ、搾取的性向

はそれらを搾取するものとして分類される。また、貯蓄的性向は一般に金銭や物品の保有を伴い、フロムはフロイトの肛門期的性格とした。さらに、市場的性向は金銭や物品の交換を伴っている。物品や財源の受容も、搾取されてしまうことも、経済的交換の基礎的なメカニズムなのである。この交換は経済学的視点からは貯蔵の反対である。

フロムの観察は、第二次世界大戦直後のアメリカで優勢な社会的経済的条件をもとになされたものである。しかし、資本主義社会に蔓延したさまざまな今日的状況でもなおその観察は有効であると考えられ、もはや予言的などではない。フロムの非生産的性格特性の性格学は、今日、かつてないほどよりいっそう現実的で、どこにでも存在すると考えられ、日本社会の今日的問題にそのまま適用できると考えられる。

5 │ エディプス・コンプレックス

フロイトがエディプス・コンプレックス理論を導き出したと言われる古代ギリシャ神話『エディプス王』物語について、別の見解を示したバッハオーフェンの母権理論を基にした解釈を通して、フロムは精神分析者としてフロイトの解釈をどう見たのだろうか。

エディプス・コンプレックスとは、ギリシャの悲劇作家ソフォクレス[23]の古代ギリシャ神話：『エディプス王』の物語からフロイトが導き出した概念で、「自分の実の父親だとは知らずに偶然出会った男性を言い争いから不本意にも殺害してしまい、その男性の后が実の母親であるとは知らずに后に迎えたヒーロー（エディプス）」に由来する。

エディプスの葛藤を意味づけしたフロイトの発見は、1930年まではあらゆる精神分析学理論の礎となったもっとも重要な発見の一つである。フロイトはこの物語解釈から「子どもは、異性の親に対しては性的衝動を向け、同性の親に対してはライバル意識をもつが、この傾向は子どもの正常な発達において必ず通過する過程である」という一般概念を導き出し、自著 *Interpretation of Dreams* (1899)

『夢解釈』の中で用いた。

しかしフロムは1937年の発表論文で、フロイトが『エディプス王』から導き出したエディプス・コンプレックスという概念を普遍化させたことを疑問視した。

1 フロイトのエディプス・コンプレックス論

フロムは1937年発表のその論文の中で次のようにフロイトのエディプス・コンプレックス理論に言及している。

> フロイトは、子どもは（幼い男子は）性的欲動を母親に向ける。その欲求に対応する衝動を満たそうとして、父親からそれを禁じられ、罰せられることになる。父親から禁じられた経験により、子どもの中に明らかな心的反応と、父親への明確な関係が生じる。つまり、一種の強い嫌悪感と敵意が生じるのである。父親に対する敵意ある衝動は、男児の心に父親の優位を決定づけ、そのことによって一種の恐怖感をつくり出す。このような衝動を無理に閉じ込めようとすると、その子は父親や、父親に匹敵する人に服従するようになるのである。敵意、服従、同一視は、男児が外界の限定された状況で性的欲求によって追い詰められた軋轢の産物である。たとえ、エディプス・コンプレックスの一般的妥当性と、エディプス・コンプレックスは遺伝的習得だというフロイトの推察への疑問を除外視したとしても、フロイトが、個人のエディプス・コンプレックス特有の発達度合いと特質は、その子どもの生活経験の特殊性に起因する、と考えたことに疑いはなかろう。[24]

そして、フロムは同論文の「エディプス・コンプレックスの修正」というセクションで 次のように言及した。

> ……同時に、子どもの父親への恐怖心、とりわけ去勢されることへの恐怖感のために、その子は自分の性的欲望も父親への敵意も抑圧し、父親に服従する。つまり、その子はスーパーエゴを形成することによって自分と父親とを同一視するのである。フロイトは、男の子にとって母親の性的魅力は一般的な人間現象である

と推察する一方で、抑圧と父親への敵意、そしてスーパーエゴ形成の結果は人類史上、人間性の確固たる継承物となっている、と確信している。

2 古代ギリシャ神話三部作あらすじ[25]：
①『エディプス王』、②『コロノスのエディプス』、③『アンティゴネ』
①『エディプス王』：古代ギリシャのテーベ国の王ライオスとその后イオカステは、オリュンポスの神アポロンから「息子が授かれば、その子は父を殺し、母を娶るだろう」という神託を受けた。その実現を恐れたライオス王とイオカステは、息子が生まれると、足に孔をあけて[26]歩けないようにしてキサイロンの山中に置き去りにした。

ところが、その子はコリンス国王ポリバスの羊飼いに拾われ、ポリバスの子エディプスとして育てられた。しかし、真実を知らないエディプスは、「父を殺し、母を娶る」という神託を逃れるために別の地へ向かう途中に遭遇したライオス王を、口論の末、実父とは知らずに殺害してしまった。

行く先、エディプスはスフィンクスがテーベの国民を悩ませていることを知り、スフィンクスの謎かけをみごとに解いて退治し、テーベの王座につき、実母とは知らずにライオスのかつての后を娶り、二人の息子エテオクレス、ポリネウス、二人の娘アンティゴネ、イズメネを授かった。

その後、テーベ国で疫病が流行り、「かつての王ライオスの殺害者を追放すべきだ」というお告げが下った。そして、そのお告げに従おうとしたエディプスは、自身がその犯人であり、娶った妻は実母であったことを預言者から告げられ、自ら目をえぐり、盲人となった。そしてエディプスの生母であり妻でもあるイオカステは自害した。

②『コロノスのエディプス』：盲目となったエディプスはテーベ国から追放され、娘のアンティゴネ、イズメネとともにアテネ近くの女神の神殿に行く。人々への貢献を誓うことでアテネの王に滞在を許された。

一方、テーベに残ったエディプスの二人の息子たちは王座を争い、弟エテオクレスが勝利した。追放された兄のポリネウスは父エディ

プスに助けを求めるが、裏切り者としてのろいをかけられ、テーベに戻される。まもなくエディプスは女神の神殿で死を迎え、アテネの守護神となった。

③『アンティゴネ』：父の死後、アンティゴネはテーベに戻った。王座を争った二人の兄弟はともに死に、イオカステの弟クレオンが王座に就いていた。アンティゴネは、クレオンを攻めて命を落とした兄のポリネウスを埋葬しようとするも、クレオンはポリネウスの亡骸は野晒しにすると言う。アンティゴネは妹イズメネに援助を求めるが、妹は「自分たちは女性であり、男性と戦うべく生まれついていないこと」、「権力をもつ支配者に服従すべきこと」を姉に論す。

しかしアンティゴネはその忠告に逆らい、兄を埋葬する。これに立腹したクレオンはアンティゴネを地下牢に幽閉するが、預言者のお告げにより罪の意識が芽生え、アンティゴネを牢から出そうとする。しかしすでに彼女は自らの命を絶っていた。アンティゴネのフィアンセで、クレオンの息子であったハイエモンは父に剣を向けるが、逆に自分の胸を刺してしまう。クレオンの妻も息子のハイエモンの死を悼み、自害してしまう。

3　フロイト・エディプス・コンプレックス論に対するフロムの見解

フロムがフロイトのエディプス・コンプレックス概念に疑念を抱いた根拠は、フロイト以前に Theban plays (*The Oedipus Cycle*) を解釈したバッハオーフェンの母権理論である。この理論に感化されたフロムは、著書『夢の精神分析』(1951年) の中で、以下の三点においてエディプス・コンプレックス再考を試みた。

a)　社会体制の違い（家母長制社会か家父長制社会か）

『エディプス王』において、「エディプスが生母イオカステを后にした部分は、家母長的社会から家父長的社会への移行を神話的に表現したものである」と解釈したバッハオーフェンの結論では、「母権社会は母なる大地や血縁、個人、母性愛と関係が深く」、一方「父権社会では法律や規則、権威に服従することが重視されている」ことが述べられている。

そして、この物語において母権理論は二つの場面で表現されていることをフロムは指摘した。一つ目はアンティゴネが、「愛を分かち合うために生まれてきたのであって、憎みあうためではない」と言ってポリネウスの葬儀を執り行う場面。二つ目は母なる大地に相当する地下牢でのアンティゴネとハイエモンの死の場面である。一方、父権理論は、イズメネとクレオンが規則や条令に従うことを強いる場面において表現されている。

　フロムの1930年代の二つの論文、さらに1941年出版の『自由からの逃走』は、彼がバッハオーフェンに本質的に同意していることを示しており、中世から資本主義初期社会システムへの価値変換を家母長制概念で説明している。

　フロムは長年フロイトとバッハオーフェンの両理論の架け橋になろうとし、フロイトが『エディプス王』を重要視した理由は、物語の中に人間行為の動因の普遍性を見て取ったからであったが、一方、バッハオーフェンがその物語を重視したのは、歴史的過程を見ることができるという理由からであった、と分析した。

　フロイトのエディプス理論は精神分析学的思考の大躍進であると賞賛することもあったフロムだが、1930年代後期では、「フロイトは性的要素を誇張しすぎた」と批判した。そして、1940年代後期には、フロム自身の解釈を発表できる段階となり、その最初の出版物は1949年 *The Family: Its function and Destiny* と題された。そして、ソフォクレスのギリシャ古典三部作の全解釈は、1951年出版の『夢の精神分析』 に登場した。

　前述したが、フロムは、フロイトがエディプス・コンプレックスはすべての社会の、すべての人々に見受けられるとした点について再考し、その理論は父権的社会に生活する人々に限って当てはめることが可能であり、普遍的ではないということを示そうとしたのである。

b) スフィンクスの謎かけ

　次にフロムは、『エディプス王』に出てくるスフィンクスの謎かけについて取り上げた。

　エディプスは、スフィンクスからの謎かけ「一つの声をもちなが

ら、朝は四つ足、昼は二本足、夜は三つ足で歩くものは何か？」に対して、「人間」という答えを容易に導き出した。この点に関してフロムは、「人間」という重要な答えを導き出すにはこの謎はやさしすぎ、テーベ国の王冠を賭けるのに匹敵するほどのものではないことを指摘した。なぜそのような簡単な謎かけからエディプスが「人間」という答えを出したのか、一見、謎を解くことが重要のように思えるが、実際は、「人間」という答えこそがこの神話の重要なテーマである、と考えた。「エディプスという人物の中に'人間の原理'を表現するためだった」からであると分析し、母権社会における「人間性の重視」を表現するものであると解釈した。人間性の重要視はフロムのヒューマニズムの基本であった。

したがって、アンティゴネやハイエモンによって述べられたことと同様に、エディプスという人物に表現された「人間原理」を見て取ったのである。ソフォクレスは、オリュンポスの神々以前の愛、平等、正義の美徳を支持し、権威主義や道徳便宜主義に対抗した。このことは、三部作においてクレオンによってもっとも強く人格化されている。

物語の筋として三部作最終神話とされる『アンティゴネ』においてクレオンは息子と妻の死を聞き及んで嘆き、自分の行為を悔いた。この件は、クレオンが父権を人格化したものであることと、最終的に挫折したことを意味した。

筋上、最初の物語とされる『エディプス王』においては、イオカステとエディプスはともに母権の象徴であるが、同時に敗北をも象徴している。神話のこの部分が他の部分と矛盾していることは否めない。フロムはいったいどのようにこの矛盾を解釈したのだろうか。

父権的立場からは、イオカステが、自分たちの息子の一人を殺害するエディプスに味方したのは正当であるが、母権的立場からは、イオカステの行為は正当であるとは言えない、というのがフロムの見方である。作者ソフォクレスはイオカステの間違った行為が彼女自身を破滅させたばかりでなく、息子や夫までをも自滅させた事実に言及しようとした、とフロムは解釈した。そして、この意味でソフォクレスは母権理論を支持しており、母親としての義務を遂行しないことで破滅するのを防ごうとする意図がうかがえる、と。

このように、フロムは母権理論と父権理論の摩擦に力点を置いた。

c) 一作品の解釈か、三部作としての解釈か

第三に、フロムはこの神話を三部作（『エディプス王』〔429/420B.C. 初演〕、『コロノスのエディプス』〔401B.C. 孫により上演〕、『アンティゴネ』〔442/442B.C. 初演〕）と捉えている点である。

フロイトの解釈はソフォクレスの上記三部作のうち『エディプス王』だけに関して行なったものであるが、『エディプス王』と密接に関連する内容の『コロノスのエディプス』と『アンティゴネ』を含めた全三部作を視野に入れて考察すると、全体的な意味解釈は違ったものになる、と指摘した。そして、もし全三部作に全体的解釈がなされたなら『エディプス王』は当然、他の二作と密接に関係している、とフロムは述べた。[27]

『夢の精神分析』で再考され再解釈された全三部作についてフロムはこう述べている。「エディプスが王国を救ったヒーローだとは考えがたく、彼は恐ろしい罪を犯した男として非難されることもありえた」と。

その三部作劇を通して主張されているのは、「母と息子の関係」ではなく、「父と息子間の葛藤」が焦点化されたものである、と考察したのである。すなわち、『エディプス王』では、父ライオスは息子を殺そうとしたが、結局、その息子に殺害された。『コロノスのエディプス』では、父となったエディプスは息子を嫌悪し、罵った。そして『アンティゴネ』では、父と息子間の軋轢が描写され、息子は父親を殺そうとするのである。近親相姦が描かれているのは『エディプス王』のはじめの部分だけであり、息子が実母に魅了されたという事実については何ら触れられていないのである。『コロノスのエディプス』でエディプスは、「自分は犠牲者であって殺害者などではない。なぜなら『実父を殺害し、そして実母と結ばれる』というのは神からのお告げだからだ」と語っている。そして、「自分にはそんなつもりはなかった」とも語っている。フロムはエディプスに関するこの神話の主題は父親の権威に対する反抗心に関係すると解釈しており、母との結婚は単に付随的なプロットであると解釈した。このことからフロムは、フロイトの『エディプス王』解釈には不備が

ある、と指摘したのである。[28]

　この三つの悲劇作品に亘って流れている葛藤は、父権に対するもがきであり、それがもっともはっきりと表されているのは、クレオンの権威主義の態度に対するハイエモンの反発である。フロムは、1816年のバッハオーフェンの分析結果に基づいて、この葛藤は父権社会と母権社会の社会システム間の古代の「もがき」を具体化したものであるとの見解を下した。エディプス、ハイエモン、アンティゴネは皆、母権社会システムの精神を代表し、歴史的には父権社会よりも前に存在し、また、より原始的な社会体制である、と。[29] バッハオーフェンはきわめて重要な社会的かつ道徳的原理には、「もがき」が絡むと断言した。[30] この点に関してフロムは、「家母長文化は血縁や母なる大地との結びつきや、自然現象すべてを受身的に容認することを強調することによって特徴づけられる」こと、また、「原始社会では、共同の婚姻制度であるために子どもの母親が誰であるかは常にわかるが、父親はわからないので、女性が優位である」ことを示した。「対照的に家父長社会は人のつくった法律を尊重すること、合理的考え方、人の力で自然現象を変化させることによって特徴づけられる」と述べた。[31]

　このように質を重んじる社会に続き、権威に服従する社会がきたのである。そして「愛」よりむしろ「命令」が社会の礎になった。フロムは『自由からの逃走』で、「中世では一般に現代に比べて個人の自由がない」ことに言及した。[32]「皆が社会秩序において自分の役割に拘束され、社会的にも、地理的にも一つの階級から別の階級へ移ることなどなかなかできやしない」と。さらに続けて、

　　しかしながら、人が、現代的な意味において、自由でなくても、その人は一人ぼっちでもないし、孤立もしていない。社会の中で、個々の、不変の、申し分のない場所を生まれた瞬間から持っていることで、人は構造化された全体に根ざしていた。したがって、疑う余地もなく、その必要性もなく、人生は意味を持っていた。人は社会での役割と一致して存在していた。[33]

　フロムの目にはフランクフルトのユダヤ小社会は中世社会に似て

いたのだろう。フロムが育ったその小社会では厳しい戒律、ユダヤ教の権威、密接な家族関係が重んじられ、メンバー同士を密接に結びつけていたものは、フロムの言葉を借りれば、「セメント」であろう。また、メンバーは外の社会の不合理な権威、たとえば彼らに対する人種的、宗教的、職業的差別と常に闘ってきたのである。フロムの思考には常に二重性がつきまとい、「愛と合理主義」、「服従（受動性）と能動性」、「権威と自由」、「個人と社会」など、彼が「正気の社会」を考えるときの必然だったにちがいない。

　フロイトやユングは、古典神話、文学、戯曲、寓話などは、人間の隠れた無意識の部分であると推察した。フロムもやはり、それらは人間の無意識が描写されたものであると捉えていたが、彼の精神分析学的解釈はフロイトやユングのようには世間に受け入れられなかった。しかし、その解釈は現代社会やそこに住む人々を理解し、社会と人間間の相互関係性を理解するには、より身近な分析法であると思われる。彼は、子どもの発達を決定づけると思われる環境因子を精神分析学に加味することを主張し、個人と社会間の関係性を強調することで、フロイトのリビドー理論に一貫して反論したのである。

　以上の三点からフロムは、フロイト理論が家父長制社会においては有効であるが、その他の社会体制においては解釈が適切ではない、との結論に至ったのである。

■注
1) Charles Darwin (1809-1882)：イギリスの自然科学者。すべての生物種が共通の祖先から長い時間をかけて自然選択のプロセスを通して変化したという理論（進化論）を展開した。
2) Fromm. "A Contribution to the Method and Purpose of an Analytical Social Psychology"; Appendix of *Escape from Freedom*.
3) Fromm. "A Contribution to the Method and Purpose of an Analytical Social Psychology", p.27.
4) 同論文。p.11.
5) 同論文。p.20.
6) 同論文。p.20.

7) Fromm. "A Contribution to the Method and Purpose of an Analytical Social Psychology", p.20.
8) 同論文。p.21.
9) 同論文。p.21.
10) 一人の人間の中にサディズムとマゾヒズムが共存する状態をいう。
11) Fromm. "A Contribution to the Method and Purpose of an Analytical Social Psychology", pp.5-6.
12) 同論文。p.24; Appendix of *Escape from Freedom*, p. 287.
13) Fromm. "A Contribution to the Method and Purpose of an Analytical Social Psychology", p.31.
14) Fromm. Appendix of *Escape from Freedom*: Character and Social Process, P.281.
15) Fromm. *Man for Himself*, footnote 4, p. 120.
16) Fromm. *The Heart of Man: Its Genius for Good and Evil*, 1964. 邦訳『悪について』pp.37-49.
17) Fromm. *Man for Himself*, p.71.
18) Knapp. *The Art of Living*, p.77.
19) 同書。p.77.
20) 同書。p.75. フロムは性格特性の分類に関する図表を一切示さなかったが、これらの性格特性に関しては、『自由からの逃走』、『人間における自由』、『正気の社会』、『悪について』、『フロイトの使命』、『愛するということ』、その他の著書で実際に言及した。
21) Max Wertheimer: *Productive Thinking* (New York: Harper & Bros., 1945), Karl Manheim: *Ideology and Utopia* (New York: Harcourt, Brace & Co., 1936) より引用。
22) Cf. Knapp. *The Art of Living,* p.80.
23) Sophocles (496?-406 B.C.): ギリシャの悲劇作家。ソフォクレスは123の戯曲を書いたが、完全に近い形で残っているのは、『アヤックス』、『アンティゴネ』、『トラキア女性』、『ピロクテーテース』、『コリンスのエディプス』、『エディプス王』、『トラッカー』の7作品である。
24) Fromm. "A Contribution to the Method and Purpose of an Analytical Social Psychology", p.5.
25) Fromm. *The Forgotten Language*. 邦訳書『夢の精神分析』pp. 203-237. Knapp. *The Art of Living*, pp.96-103.　ソフォクレス著、①藤沢令夫 邦訳『オイディプス王』(岩波文庫)、②高津春繁 邦訳『コロノスのオイディプス』、③呉茂一 邦訳『アンティゴネー』参照。
26) エディプスという名前は、孔をあけられたために「腫れた足」という意味

に由来している。
27) Fromm. *The Forgotten Language*/『夢の精神分析』pp.208-211.
28) 同書。p.211, p.228.
29) 同書。p.236.
30) 安田一郎『フロム』pp.68-69.
31) Fromm. *The Forgotten Language*/『夢の精神分析』p.207.
32) Fromm. *Escape from Freedom*, p.40.
33) 同書。p.41

第3章

フロム理論の特徴

フロムの思想や理論はフロイト精神分析理論以外にもさまざまな分野から多くの影響を受けて成立した。社会研究においては「社会と個人の関係性」に焦点を当て、「人間が内的に目覚めること」、「外界からのコントロールを認識すること」の大切さを力説した。つまり、大衆動向に飲み込まれない一方で、一人ひとりが精神的に独立しなければならないことを警告したのである。

　フロムの社会研究の主要な側面と、個人の内的目覚めという視点をはっきりさせるためには、フロイト精神分析理論やユング心理分析理論と比較しながら、フロムが抱く無意識の概念について触れる必要がある。また、その延長線として、フロムが現代社会へ警鐘を鳴らした「所有」と「消費」の概念についても無意識下の行動と関連させて取り上げる。

1 | フロムの社会論

1 フロム理論の特徴

　人間の諸現象についてフロイトとフロムの見解の違いを前章までに述べたが、その内容をもとに相違点を表1に簡単にまとめた。

【表1．フロイトとフロムの人間理解の分析方法】

フロイト	フロム
ミクロ的人間分析（顕微鏡的視野）	マクロ的人間分析（望遠鏡的視野）
分析的（分解的）	統合的（調和的）
過去に注目（収束的）	未来に注目（発展的）
個人の内面的、過去と現在の因果関係を追求	個人と社会環境との相互作用・連関を重視
還元主義	共通的、万人的
個人が環境から受ける満足や欲求不満に注目	人類を全体的なものの一部として、あるいは社会の繁栄として把握
帰納的	演繹的
科学的	社会主義的、人道的
子どもの性に対する関心から「愛」を解説	人の社会との関わり合いから「愛」を解説
父権的 父権制社会に通じる研究	母権的 母権制社会に通じる研究
人間とは身体的衝動によって決定された性格をもつ存在であると解釈	人間とは本質的に社会的存在であると解釈

by Asayo Iino

表1から、人間を理解する方法には二通りあるように思われる。一つは、フロイトのように人間を身体的（物理的）存在として捉える方法である。この方法は人間の精神活動を神経伝達と脳機能の結果として見なし、主として身体的、物質的、医学的、目的的、科学的な見方である。もう一つは、フロムのように人間を文化の構成要素として捉える方法である。この考え方は、人々が文化的活動と密接に関わっているかどうかに的が当てられている。言い換えれば、美観、創作活動なども含めた総合芸術や、愛情などの情緒性や、哲学・宗教などの思考活動、さらには知的活動などとどれだけ関わりがあるかに重きが置かれているのである。フロムは、このような人間理解の方法がフロイトの考え方とどのように違っているのかを、自著『自由からの逃走』(1941年) の巻末で解説している。

　フロイトに比べてフロムの方法は、主観的で抽象的であるかもしれないが、感情を考慮して人間を社会的存在であると捉えた点で現実に即したものであると言える。

　人間とはいったいどのような存在であるのか、どうあるべきかを理解していくには、これら二通りの方法を統合した理解の仕方が当然考えられるだろう。しかし、人間存在はたいていの場合、歴史的存在、習慣的存在として捉えられている。そこで、フロイトとフロムで人間諸現象への対処の違いを図で示すと図1のように考えられる。

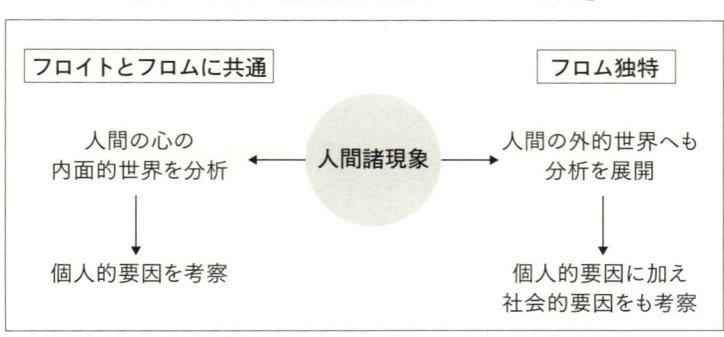

【図1．人間の諸現象を理解する二つの試み】

フロイトとフロムに共通	フロム独特
人間の心の内面的世界を分析 ← 人間諸現象 → 人間の外的世界へも分析を展開
↓	↓
個人的要因を考察	個人的要因に加え社会的要因をも考察

by Asayo Iino

前述したように、フロムは人間存在を背景となる社会との関係性から考察し、個人に作用する社会的な影響力や要因を考慮した。社会は人間の無意識に作用し、そのフィードバックとしてメンバーはその社会に独特な社会的性格を形成するようになると考察したのである。

　社会の諸現象は、その社会メンバーに独特の性格をつくり出すという前提でフロムは、初期の論文「分析的社会心理学の方法と目的への貢献」(1937年)で、個人とその社会環境間の相互作用について述べた。

> 「社会現象に影響を及ぼすとされる個人の性格構造は、それ自体が社会現象の産物であるから、両者を切り離して考えることはできない。だから社会と個人の心的構造との相互作用は、社会的心理、個人的心理のどちら側からアプローチしても基本的には同じで、焦点化された方が課題となる。」[1]

　フロイトの性格理論への批評の中で、フロムの用語に変化が見られた。「欲望」を意味するドイツ語の*Trieb*については、「衝動」を意味する*Impuls*が多く用いられるようになった。しかし、「衝動」から連想される「本能」という付帯的意味を避けるために彼は、結局「欲求」という意味のドイツ語*Bedürfnis*を選んだ。また、1930年代の論文やエッセイでは「社会のリビドー的性格」という語が用いられたが、後の著作では「社会的に典型的な性格」に改められ、最終的に1941年発刊の『自由からの逃走』で「社会的性格」という表現に変更された。

2　フロムの「無意識」論

　人間の無意識の概念について、次の三つを比較することができるだろう。一つ目は、人間の心的構造に潜むとされるフロイトの個人的無意識の概念、二つ目は、時空を超えて全人類に共通するとされるユングの集合的無意識の概念、そして三つ目は、時代的・社会的条件を前提としたフロムの社会的無意識の概念である。

　フロイトは、人間の心には意識的部分と無意識的部分があり、後

者には過去の記憶や感情が蓄積され、本能的欲望を生み出す個人的領域であると推測した。したがってフロイトの言う「個人的無意識」とは、個人の意志によって想起できない深層の精神領域を意味し、情動、記憶の抑圧などのメカニズムによる神経症の形成過程を説明する概念を指し、個人の心的経験に限定されている。

　ユング心理学においても、人間の心的構造には意識的部分と無意識的部分があるとされるが、無意識的部分をさらに「個人的無意識」と「集合的無意識」の二層に分けている。前者はエゴによる認識がなされなかったために意識に上らなかったり、あるいは一度は意識に上がったものの後に抑圧されたり、軽視されたりした経験や記憶の貯蔵庫であるとされ、必要時には意識に上らせることができると言われている。後者の「集合的無意識」は、「個人的無意識」の下層に位置し、我々の祖先の経験にまで遡ることができると想定されている。ユングは「個人的無意識」よりも、個人を越え出た集団、民族、人類の心理に普遍的に存在するとされる「集合的無意識」の方をより重視した。

　フロイトが概して個人の内面的、過去的因果関係から人間性を追究しようとしたのに対し、ユングは個人的行動、社会的行動、パーソナリティなどといった個人の将来的可能性にその解釈を適用することができるとして、人間の諸現象が社会や人間相互関係において探究されている。したがって、この「集合的無意識」は、フロイトの「個人的無意識」では説明不可能な深層心理の力動を説明できるとされている。

　次にフロムの「社会的無意識」の概念は、場所や時間など個人が帰属する環境条件が与えられている。個人についての分析では、個人が属する社会の脈絡の中でその個人が焦点化され、時代や歴史的背景の主潮をも考慮した上で、その人が他者とどのような相互関係にあるのか、社会的構造の反映として個人を分析する。したがって、全体の中の個を、背景となる全体と照らし合わせて見ることができるのである。

　以上の三つの無意識を簡単に比較すると図2のようになる。

【図 2. 無意識についての三つの概念】

フロイトの「個人的無意識」の概念	フロムの「社会的無意識」の概念
個人に限定的 個人の過去を焦点化 不合理性や悪徳の場所として認知[2]	時間と場所に限定的 個人の社会との関係性を焦点化

ユングの「集合的無意識」の概念
普遍的、集合的、非限定的
個人に共通する心理を焦点化
時間にも場所にも限定されない
フロイトとフロムの両理論を含んだ深く広い視野
個人的、社会的無意識よりさらに深い、英知の最深部に存在[3]

by Asayo Iino

　フロムは個人の生活状況、つまり、社会経済的条件が、集団にどのような感情的感化を起こすのか、それらの条件は集団メンバーにどのような精神的変化をもたらすのか、またそれらの条件は宗教教義や、宗教的幻想にどう表現されうるのかなどを示そうとした。また、「宗教教義は意識的な願望を満たし」、「夢は無意識の欲望を満たす」という見解をもち、この無意識と意識のメカニズムを社会システムに応用しようとした。フロムのこの試みはマルクス主義とフロイト精神分析学の融合を実践したものであったと思われる。『社会研究誌』第1巻に投稿された「分析的社会心理学の方法と課題」と題されたフロムの論文（1932年発行、28〜54ページ）では、さらに進んだ研究が発表された。

3　フロムの社会論

　フロムは社会の変容を探究した。最初に着手したのは母権社会から父権社会への移行であった。この移行というのは、かつての中世や資本主義社会前の社会のように通商や同業労働組合で営まれていた社会から、独占企業が中心となって進められる資本主義の時代へ

の移行を意味する。フロムは、この移行に伴う社会変化によって現代資本主義社会に特徴的である人間疎外や攻撃性が見られるようになった、と考察した。後者の社会形態は、社会の常態に限りない狂気を生み出す、という見解である。社会の常態性狂気については、日本人の「甘え」と呼ばれる心的状態と関連させて第四章で再度取り上げる。

　次に着手した社会研究でフロムは「媒体」に着目した。ここで取り上げた媒体とは、個人と社会間、個々人間に存在して、個人と社会、個々人間の相互関係をつくりだすとされるものを意味する。フロムは、その相互作用を重視したのである。

　彼は1937年発表の論文 "Die Determiniertheit der psychischen Struktur durch die Gesellschaft zur Methode und Aufgabe einer Analytischen Sozialpsychologie" で、ドイツ語での「キット、*der Kitt*」の英語訳として「セメント、cement」を用いて「媒体」を表現した。ほかにも、同意語の「リュート、lute」、「コネクター、connector」、「ミディアム、medium」、「ボンド、bond」、「エージェント、agent」などさまざまな用語で、社会構造と人間の精神構造の間の相互作用を論じた。[4] フロムは、「媒体」を意味する「セメント」という用語を通して、個人とその社会環境の双方が、また、個々人間の相互関係の双方が互いに重要な影響を及ぼし合うということを表現したのである。

　ドイツ語 *der Kitt* はフロム理論のキー概念であると捉えることができる。この概念から説明できることは、誰でも個人としてだけでなく同時に社会の一員として、つまり、統合された全体としての部分として存在している、ということである。言語や交流が介在し、仲間ことばで結びつけられる一国、一民族の人間間に存在する連帯感のような社会通念は、その社会メンバーなら誰もが理解できるようになるのである。

　個人と社会との条件的関係は、そこに介在する媒体が結びつけている。そのようなミディアム（媒体）、リュート（封塗料）、コネクター（連結装置）、セメント（接合剤）などの役割をするものは、文化、言語、共通の価値観などさまざまな形で個人とその外的環境の間を満たしている。したがって個々人が社会との相互関係的な実在とし

て全体に統合されるためには、それらを連結するコネクターが前提条件としてなくてはならない。このコネクターが社会の中に「ある雰囲気」を醸し出すことで、人々は社会通念や共感を共有し、メンタル・スペース[5]を共有し、全体としての存在を成り立たせている。

図3は、人々の共通理解の現象についてメンタル・スペースの理論を用いて表したものである。

【図3. 個人相互間の共通した理解】

A氏	媒体	B氏
A氏の頭の中	現実	B氏の頭の中
現実を概念化	（A氏、B氏の経験）	現実を概念化

A氏 ─コネクター─ 現実 ─コネクター─ B氏

by Asayo Iino

日本の精神医学者の土居健郎（1920-2009）は、『「甘え」理論の展開』（『土居健郎選集』第2巻、2000年）で「溶媒」（ソルベント）という語を用いて、全体と個、全体の中の個々同士を結びつける役割をし、個々を全体に溶かし込む働きをするものを説明しているが、ちょうどそれと同じように、フロムは別の角度から個人と社会の結びつきを論じた。両者は人間と社会の結びつきを媒体、溶媒の役割を通して捉えたと言うことができる。なぜなら、社会内での個人同士が相互に理解し合えるのも媒体を介してメンタル・スペースを共有し、各人が一様のイメージをもつことができると解釈できるからである。

フロムが抱く社会概念は、その思想の扉をあける一つのキーである。個々人は環境社会と深く結びついているという彼の解釈は、東洋の宗教概念の「個々人は宇宙全体と一体である」と感じる「調和」の概念と類似性があるといっても過言ではない。

フロムによれば、人が病んでいる社会は正常ではなく、機械化社会による絶え間ない利潤追求や、商品の大量生産が行なわれている資本主義に狂気の源泉がある、という。この資本主義社会構造のメカニズムが、人々を「人間疎外」と呼ばれる状態へ落とし入れ、苦

悩、神経症、狂気を引き起こすようになる、という主張である。このようなケースでは、個人の内面的相関要素だけに対処するフロイト理論では十分に機能しきれないかもしれない。一方フロム理論では、自己自身を分析すること、自己自身に意識を向けて自覚すること、従来型の精神分析療法を超えた人道的治療法が推奨されている点から、上述のような問題解決には、よい結果が得られると考えられる。

フロムが幼い頃から影響を受けたユダヤ人社会はフロムに中世社会をイメージさせた。両コミュニティでは共通して、明確なヒエラルキー、厳しい戒律、実質的で完全な道徳性が十分に機能し、メンバーは皆それぞれに親しい間柄にあった。このように、人と人との関係が社会的に固く結ばれたコミュニティでは、すべての人と言ってもいいほど、誰もが安全な居場所と揺るぎないアイデンティティをもつことができたようである。

そしてこのような個々人と社会との緊密な関係は、原始社会における母権社会の家族の強い絆、自然の創造物の崇拝、すべてを生み出す大地に密接した生活にも見られた。

だからフロムが、将来は競争的な商業主義の世の中が改善されるだろう、という期待や見解をもつのは、彼自身の幼年時代[6]の経験からのユートピア的な感覚のせいだと思われるのである。

4 社会的性格

「社会現象は人間心理の反応の過程であると理解されるべきで、それは積極的態度であるにせよ、受身的態度であるにせよ、環境の社会経済的条件に即した反応である」とフロムは語った。[7] 彼の主張は、エージェント（仲介人、媒介者）としての家族の役割が中心になっている。「家族は、経済的条件が人々の気持ちを左右するとき、個々人と環境社会の間で一種の媒体のような働きをする。」[8]

この発言を踏まえフロムは、精神分析学的社会心理学に関する問題を、その社会メンバーに共通する心理やメンタル・スペースとの関連で探究し、個人的リビドー（性的衝動）に作用する経済的条件との関連からも取り上げた。

初期の論文「分析的社会心理学の方法と課題」でフロムは、人間

の集団における本能的、衝動的、無意識的行動を理解するために、フロイトとマルクスの理論を融合し、個人と外的環境との関係性を体系づけた。彼は、衝動的行動や無意識的行動など集団そのものの本能的状態の説明にはフロイト理論を用い、そのメカニズムや関係性の説明にはマルクスのダイナミックス理論（経済の力学理論）を用いて説明を展開した。カール・マルクス自身の著書や論文に見られるマルクス主義は、人間、知識、状態、自然などに関する諸問題についてそれぞれを力学的関係で吟味し、また、それぞれを歴史的、社会的、政治的、経済的事実との関連で調査探究しているからである。

フロムが自著『自由からの逃走』で、「社会的に典型的な性格」という用語を「社会的性格」と言い改めたのは、社会と人間の関係について、より包括的な説明をするためであろうと考えられる。

この書で彼はこう論じている。「どのような社会でも教育システムを通して、価値観、信仰心、商売の方法などの一連の概念が個人に刷り込まれ、そういった概念のシステムが結局文化をつくり上げていくのだろう。一つの社会では大半の人が必然的に似通った気質をもつようになるものだ」と。[9] そして、これを「社会的性格」と呼び、「個々人の性格特性のすべてが社会的性格に起因するとは言えないが、社会的性格は社会的可能性から厳選されたものである」と言及した。[10]

フロムは「社会的性格」を、「基礎経験やその集団に共通する生活様式の結果としてでき上がった一集団のほぼ全員の性格構造の本質をなす核である」と定義した。[11] また彼は、「人間は基本的には社会的生き物で、歴史的に条件づけられている」とも言った。フロム理論はホーナイやサリバンの精神分析学を引き継いでいるものと思われるが、彼自身の見解として、「人間の欲求は、目に見える身体的欲動とは別に存在し、心理学上は、成長や発達という生物学的傾向に釣り合い、潜在的可能性を現実のものにする」と。たとえば、人は成長すると自由を望み、抑圧に対して強い嫌悪感を招くようになる。フロムは、政治的、経済的、社会的政策に留意し、それらの条件が人間の欲求解明に有効であることを見出した。なぜなら、欲求は、社会構造のある決まった要素が人の心理に内面化されたときに生じる傾向があるからである。

ここから判断できることは、フロムがフロイト理論に同意した点は、フロイトが家族は個人、それも特に赤ん坊とその外界世界を結びつける媒体であるため、精神的エージェントとしての家族の重要性を強調した点であった。しかしフロムがフロイト理論に異論をもった点は、フロイトが文化的、社会的、および人間の諸現象の根源はすべて本能的で原初的性的欲求から導き出されると唱えたことであった。

　フロムの主張は、「社会的性格は明らかに個人と外的世界との相互的関係を表していて、その社会的過程にその両者の相互作用がある」というものである。[12] 彼が強調する点は、「個人的な欲求や衝動とは、その個人が属する集団の価値観に一致した意見を内在化したものに過ぎない。だから人は自分の行為が自分自身に精神的満足を与えるかどうかという視点で、自身にとって何が必要なのかを見定めて行動し、反応するようになるのだ」という点である。つまりは、社会的性格とは外的必要性を内面化させることなのである。*Man for Himself* (1947年) でフロムはもっと明確な表現を試み、もっとも重要な概念として「関係性」を取り上げた。個人と社会間の相互的関係とともに、社会の心理を理解する上で「双方向的関係性」を重視し、個人の生活態度が社会によって決定されることを論じた。

　彼は、社会的性格と関連させて、自身の理論展開を大きく左右させたナチズムの台頭にも触れたが、そのほか彼自身の身近な関係筋や診療経験なども考慮すべき点に含めた。[13]

　フロムの社会心理学の双方向性とは、一つは、個人のパーソナリティは社会的要因によって決定されるという問題、もう一つは、個人の心理的要因自体が社会過程に影響を及ぼし変化させるという問題である。[14] これら二つは固く結びついて解きほぐすことはできない。社会過程に影響していると思われる個人のパーソナリティの構造は、それ自体がこの過程の所産なのである。だから、前述したようにフロムは、「我々がどちらの立場から見るかは、そのとき、問題全体のどの面に関心が集中しているかによるのであって、社会と個人の心的構造の相互作用を追究することにおいては、社会心理と個人心理のどちらをとっても根本的には何の違いもない」と述べたのである。[15]

2 | 所有、消費、所有欲

　フロムは、「所有」、「所有欲」、「所有物」に代表される資本主義文明における「満足」をどのように捉えていたのだろうか。これに関連して、今日的日常生活における消費のメカニズムと無意識下のコントロールの関係についても取り上げる。

1　「所有」の概念

　フロムは、資本主義志向の人々に典型的な特徴は「所有志向」であり、この志向は退屈に辟易している社会状況と関係がある、と指摘した。所有志向と社会的退屈の蔓延は、資本主義社会の工業文明構造に根ざしており、個人に限りない自己疎外を招く、というのである。フロムは、この社会問題やそのメカニズムに無意識の面から取り組み、人間行動の動機を追究しようとした。[16]

　彼は、現代文明で注目すべき事実は、所有志向と社会的退屈の蔓延が「自己疎外」を招くにもかかわらず、人々はその辛さをわかっていないことである、と述べた。人々は暇なときに何をしたらよいかがわからず、モノをつくり出したり、魂を呼び覚ましたりする気力も動機もない場合には、退屈に覆いつくされ、魂の抜け殻となり、疎外された状態となる。退屈が世界中に蔓延し、そのコントロールを失った人々は嫌でも退屈に身を委ねてしまうか、自分たちの関心事をお酒や薬物やパーティー、パートナーとの言い争い、マスコミ情報、セックス・プレイなどに向けてしまう、と。[17]

　フロムは、もう一つ、人間の特徴的な面を挙げた。[18] 人間はたとえ物的欲求が満たされていたとしても、満足感を覚えないときがある。それは、我々自身を突き動かす刺激が欠けているせいである。こういう状況では、自分自身を統合できず、時に精神的に病むことがある。人間は本来備わっているエネルギー（気力・能力）が活性化されると、自分を表現できるようになり、自分の存在を認識できるようになる。その反対に、「所有する」態度に傾くと、堕落して動物のようになり、人生は意味のないものになってしまう、と主張したのである。

彼は再び、人間が動物と根本的に違う点について、「人間は自分の存在を意識すること」に言及した。多くの進化過程を経て、人間は環境を高度科学技術社会に発展させてきた。そういう社会では十分な物資が供給され、貧困や飢餓から人々は解放された。しかし、フロムのことばを借りれば、近代社会はモノの大量生産だけでなく、人間の心にも欲望をつくり出した。[19] 今日の資本主義社会では人が必要とするものはもはや個人の物欲によってではなく、営利主義によって引きおこされるのである。モノを過剰生産することで、人の心理に欲望を増大させる。もしあり余るほどのモノが店に並んでいるのを目にすれば、人は「自分がいかに貧しいのか！」と感じ、買いたいという欲望が心に湧いてくるのである。人は、このような外部からの操作によって増殖した欲望に衝き動かされ、一時的に満足しても、すぐにその感覚は払拭され、永遠に満足感を覚えることはない。概して、多くの人々はこのような経済システムの成長速度に適応できず、たとえ十分にモノがあったとしても、精神的貧困に悩むことになる。

　このように、現代社会では、受身的な態度や、嫉妬や、「もっと欲しい」という感覚が増大した結果、弱さや無力感が劣等感を伴って急速に大きくなっていく。このような状況では、「存在すること」より「所有すること」に偏った生活にならざるを得なくなるのである。[20]

2　人が所有できるもの

　どのようなものが所有や所有欲の対象になりうるのであろうか。フロムはこの対象物を無生物から生物にまで広げて示した。

　それらはステータスであり、価値観であり、健康、美しさ、若さ、利口、清潔さ、権力、徳、名誉、経験、思い出、他者の気持ち、そして人間さえも対象になりうる。ここで問題となるのは、人がモノを所有しているかどうかではなく、その人の心が欲するものや所有物に縛られているかどうかである。[21]

　フロムは「所有」を精神医学の分野からも扱い、所有することに依存する人々は、自身の内面の安堵感のために生き物や物品を必要としているのが典型的だ、と解説した。[22] もしその人たちが生き物

の中でも、とりわけ「人間を所有すること」に安堵感を抱くなら、状況は複雑極まりない。「所有すること」あるいは「所有していないこと」が個人の生きることの目的を決定し、さらにはその人たち自身のアイデンティティをも決定してしまう、という。

もし自分が「存在志向」か「所有志向」かのどちらの生き方をしているか知りたいなら、「自分の人生で一番大切で価値のあるものを失ったらどうするだろうか」と自身に問うてみることだ、という。もし、その一番大切なものを失って、仕事や生きる意味を見出せなくなったり、自信をなくしたりしたら、「所有志向」であり、自身の存在の目的のために外部のモノを用いる傾向がある、とフロムは判断した。

3 典型的な「所有型」性向

この性格の特徴をはっきり示すためにフロムは、その度合いと所有物に留意して「所有」志向にある人たちの例を三つ挙げた。[23]

a) ケチンボウ

その一番目に挙げられるのが「ケチンボウ」である。全人格が「所有すること」に向かっている人のことである。この人たちのもっとも明らかな所有物はお金と、それに匹敵する土地、家屋、動産などである。そしてそれらを保有し、保持し、減らさないことに必死なのである。その上ケチンボウは、現物だけにとどまらず、自分のエネルギー、感情、考え、ことば、その他、何でも自分の所有するもののすべてを出し惜しみするのである。したがって、こういう人のケチは、幸運や他者に対しての冷血で、同情心のない、残酷なまでの態度に現れるようになってくる。ケチの感情面は、他者の現実の悩みなどにはそれほどでもないが、自分の幼少期の思い出が白昼夢や幻想と重なって感傷的になるという特徴がある。

b) 権威主義者

二番目の例は、人々の支配も含めて、支配する欲望を持っている人々である。フロムは、この種の欲望はサディズムを発現させると述べた。『自由からの逃走』で、このタイプの人を「自由への恐れ」

という表現で説明している。「自由であること」は「支配されていることで安全を確保していること」の正反対であるのに、多くの人々は言いなりになることに満足し、自由であるより支配されていることの方を好むのである。

「所有すること」は父権制度と権威に関係するという。[24] 父権社会では、人間は物品の所有者であるだけでなく、自分たち自身がモノにもなりうるからである。家族は父親の所有物と考えられ、その父親は家族全体を統括し、まるで奴隷や家畜を扱うように、妻や子どもを支配していた。西洋社会では4000年近くも父権社会が続いたので、社会システムや人々の考え方に強い影響を与えたのである。[25] 一方、母権制度では母親が家族中で一番尊敬され、権限をもっていたが、母親は分け隔てなくどの子にも惜しみなく愛情を注いだ、ということは第一章で既述したとおりである。

「所有」志向や、他者に依存する性格の人は支配者になる傾向があるようだ。そういう人は他者を自分の支配下に置くことで満足感を得る人なのである。しかしながら、このような人は他者を支配しているなどという感覚はまったくないのである。もしその人がよき父親、賢母としてふるまうなら、物品として捉えられている者は、あたかも自分たちが愛されている子どもであるかのように感じる。さらに言えば、その対象者たちは、自分たちが支配されているなどとは思いもしない。けれども、人間である対象物が自分たちに何が起こっているのかを知ったときの最初のリアクションは、「抵抗」である。フロムは所有の対象者の抵抗が、子どもの無力感、破壊行為、妨害、特に、おねしょ、便秘、かんしゃくなど、さまざまな形や方法をとって現れうることを予見した。[26] 時に、歴史が語るように、反乱や革命もそれらに準じている、とも語った。

フロムの権威主義者に対する理論からは、いわゆる「世話焼き」も典型的な権威者の「衣」と言えるだろう。他者の行動や考えを指図して自分の世界に取り込んでしまうからである。指図をされる側は「迷える子羊」のごとく、ありがたい忠告、親切、「お世話になります」的感覚でその支配を受容してしまう。

c）ナルシシスト

　三番目の例はナルシシストである。フロムは、支配欲は、結局は、ナルシシズムに結びつき、「所有」志向の人の典型例である、と言った。「究極の所有物は自己自身を所有することにある」と[27]。自分自身でいることだけで自分が満たされ、全世界を自分が所有するものに変える人である。自分の所有範囲に取り入れたもの以外は、外界の何にも誰にも興味を抱かない人のことである。ナルシシストにとって他者やモノは表面上だけの現実なのである。したがって、こういう人は、愛する能力も思いやりも、正しい客観的な判断力もなく、自分の世界の中で自分が一番大切だと思っていて、自分が社会の中で誰かと関わろうという気など毛頭ないのである。こういう人は、自分自身以外には世間の如何なるものとも関わりを持つことができないのである。

　何が人を「所有」へと導くのか。今日の経済、労働、社会生活の構造にその原因を見つけることができる、とフロムは言う。個人を致命的にナルシシストにする諸原因は社会経済的条件にあり、個人が社会化する過程で起きると見ることができる。個人が「所有」志向から「存在」志向に変わろうとすることは意義深く、特にその試みが環境状況を変える場合にはなおさらである。我々が自己認識、自己進化、自分の、そして社会のヴィジョンを獲得しようとすることは、内的にも外的にも社会的現実と調和することであり、我々の社会経済的生活の方法を「所有」志向から解放することにつながるのである。

4　「消費」の概念

　フロムは、「消費」は「所有欲」に関連する問題である、と精神医学の面から分析し、消費行動には所有欲の強い「所有」と同じ心理が見られると述べた。[28] 彼によれば[29]、消費には二通りあって、一つは、必要性から発生する健全な消費行動であるもの。もう一つは内面の衝動強迫（切望や渇望）から起こる消費行動で、もっと食べたいとか、もっと買いたいとか、いっぱい所有したいとか、もっと使いたいとか、「〜したい感情」が伴う。したがって、消費は、しきりに欲しがる気持ちを静める鎮静剤の役割を担っている、とフロムは

分析した。[30)] もし消費行動をとらなかったり、必要以上に所有するのを拒絶したりした場合には、その人は落ち込み、空しく感じる。

こういった消費タイプの人は、非生産的で、受身的な性格特性であり、常に自分が無気力で無能であるかのような不安を抱いている。そしてこのような不安に駆り立てられて、その不安を忘れるために消費行動をとるようになる。このような人は、持続的な消費欲のために、自身のエネルギーの消費とか、気力の消費とかに関する限りは、とても活動的であるので、外面的には生産的にさえ見えるけれども、実際には受身的で非生産的だと言わざるを得ない。すなわち、理にそぐわない過度で極端な消費がなされた場合には、見せ掛けの生産性は、実は受身的で、非生産的なのである。[31)]

見分け方は、実用的（道理にかなっている）消費か、否かで判断する。例として、フロムは「食べること」を取り上げてこう言っている。「我々が食べ物を必要として楽しんでいる限りでは、その食の行為は道理にかなっていて実用的であり、ある意味で、我々の生物としての身体全体の機能を健全に保ってくれる。しかし、もし衝動や、憂うつ、あるいは不安感から食べすぎたのなら、その過食は不合理なものと判断されるし、身体的にも精神的にも我々を蝕む」と。[32)] この見解から、不合理な食習慣は消費主義の結果の症状であると診断されると言えるだろう。さらに神経性食欲不振症や過食症は今日の社会問題にも取り上げられているし、我々の住む社会の異常を反映するものと捉えられる。

前述のように、消費は「欲しい！」という強い衝動に根ざしていて、強迫観念的な特質がある、とフロムは指摘した。[33)] 自分を他者や、食べ物や、その他のもので満足させることは、所有や所有欲のより原始的な形である。たとえば、ある段階の乳幼児は何でも触れるものを手当たり次第に口に入れるが、この現象は所有することの安心感への第一歩に他ならない。

フロムは実用的（道理的）でない「消費」の例で、自家用車の保有を挙げ、次のように説明した。「なぜ実用的でないかというと、自家用車は人を誰一人として元気づけるわけでもないし、かえって人を自分自身から逃避させる乱心や、誤った強さの感覚や、車のブランドとの同一感をつくり出してしまうからだ。その上、自家用車は、

人が歩くこと、考えること、中身の詰まった会話をすることを妨げてしまう。それに競争をあおる」と。[34]

一つの社会における所有欲、所有、消費に特有のメカニズムに関して、フロムはそれらの現象が必要性よりも衝動や歓びという形で悪用されるケースを考察した。彼は、これらのケースは個人の、またその人の属する社会の狂気の反映であると考えた。[35]

本節では、人間の欲望と大量生産、大量消費を検討することを中心に、資本主義社会や機械化に蔓延する悪影響について明らかにしようとした。「非実用的」、換言すると、フロムが合理的でない消費を念頭に置いて名づけた「病原性の消費」は、「所有すること」、「持つこと」と同様なのである。この両方を経験すると人は無力にされ、人間性さえも破壊され、消費されるモノや道具に変えられてしまうのである。所有することか、消費することのどちらかの経験と、その正反対の「存在すること」の経験を対比してみると、理解することができる。

フロムは、病んだ社会がそこに住む人々に与える影響を斟酌したようだ。このことで、もっとも強調されなくてはならないのは、人間の精神的異常にせよ、社会の異常にせよ、まずその兆候が出るのは人間の方だ、と述べていることだ。だから、この問題に関しての論議は、環境側からではなく、我々人間の側から始めなければならない。個人とその環境との相互作用は明らかであるかもしれないが、所有欲の強い所有や消費に対する可能な解決法が提案されたときには特に、個人の自助努力や自己解放に力点が置かれなければならない、という意味である。

3 | 目 覚 め

1 今日的労働条件

フロムは人間存在の様態を「目覚め」や「自覚」という表現を用いて捉えた。日常生活において各人が「よく生きる」様態を認識する大切さを強調したフロムの考え方は、禅仏教で言う「悟り」の境地に関連すると考えられるだろう。

既述のように、フロムの著作『生きるということ』(1976年) には、人間の精神の在り方には二通りあるということが示されている。「もし人が本当に人間的に生きて存在したいと望むなら、所有中心になっている生き方を打破し、主体的で積極的な生き方に切り替えなくてはいけない」と。人間が完全に人道的になるということは、自己本位や利己主義から抜け出して、連帯や愛他主義へと変わることが必要である。36)

　そして、「存在志向を成し遂げる第一歩は一つのことを望むことだ。そして選択した一つの目標に向かってエネルギー (精神的なものも含めた) が流れることなのだ。人がある一つのことをしようと決めたら、その成就に集中すべきだ。もし一つのことを望めないなら、エネルギーは散って弱まってしまう」と解説した。37)

　集中した行動は現代社会を生きる一人ひとりの日々の生活の場で生かされなければならないが、今日の産業社会では、本気になって打ち込める仕事に恵まれるチャンスは以前に比べて激減しており、なかなかそのような職務に就くことができない。38)

　初期の論文「社会による心的構造の決定」39) でフロムは、職場環境が社会的に典型的な性格を生み出す事実に言及し、実際にそのような職業を次のように二分した。第一のタイプは、働く本人が意志をもって前向きで、エネルギーや精神集中を必要とする職業である。第二のタイプは、資格を必要とする労働行為が要求されない職業である。

　産業化に伴い、人間の集中力が奪われていく傾向が増大しているのは事実であり、エネルギーや精神力、集中力が必要とされる職業においてさえも、この傾向が認められる。このような状況下の職業活動や環境社会を改善するには、可能なら、一人ひとりの就労者が生き方を自覚できるような労働方法に変えるべきだ、とフロムは提言した。40)

　フロムは、どのような職種であれ、一人ひとりが対人関係の中で自分というものを見出し、置かれた環境の中に自分を位置づけるべきだ、と示唆した。41) この点は、人間は環境の一部であり、社会と緊密な関係で存在している、と主張するフロム思想の典型である。我々が生きている社会状況は生活の一部であり、それが人に影響を

与える一方で、人も社会状況を左右する。全体的に望ましい社会組織は、人を疎外するのではなく、あらゆる人に社会に貢献するチャンスを与え、そうすることで社会を人間的にするはずである。置かれた社会で生活していくことは言うまでもなく、その社会は人々のもっとも大切な仕事の目的となるのである。

2 「目覚めている」

フロムの特徴的表現と言える「アウェイクネス(awaken-ness)」とは、中途半端に目覚めている（寝ぼけている）様態から目覚めることを意味する。また、「アウェア (aware)」とは、現実を認識、自覚することを意味している。「寝ぼけの様態」は心の常態として示されている。[42]

フロムは、「人々が十分に気をつけるように留意し、意識の様態の幅を広げようとすると、環境を変えることができる。その試みがたとえ人々を半分しか目覚めさせないとしても、効き目があるのだ」と述べた。また、「半分目覚めている様態」を二つの意識の状態の違い（一つは目覚めていること、もう一つは眠っていること）として説明した。身体的にもその二つの様態には明らかに違いが見られ、精神生物学の視点からも差異が簡単に識別できる。

「目覚めている」様態では、自分自身を守ること以外にも、食糧、居住、その他の生きていく上で必要不可欠なものの供給が、本人の全人的存在によって成し遂げられる。ところが、「眠っている」様態では、本人はいつも生命を維持するためのことから解放されていて、その代わりに、自身の内面に向かって自身へのメッセージを明確に表したり、創造したり、主導権を握ったりすることができ、また自分が表現できる望みや恐怖や、自己、他者に対する非常に深い洞察をも行動に移すことができるのである。実際フロムの分析では、矛盾しているように思えるが、人々の精神は眠っているときの方が、身体的に目が覚めている時よりも、より研ぎ澄まされているのである。

「目が覚めている様態」で存在しているという場合も、「心が注意を払っている様態や開放的で元気な様態」と、「ものぐさや不注意」という正反対の様態があり、違いが見られる。さらには、「目覚めて

いる」という様態の中でさえ「完全に目覚めている全覚醒」と、「部分的にしか目覚めていない部分覚醒」に分かれる。人は命に関わることや、情熱を注ぐ目標があれば、覚醒した気づきの様態や、部分的に覚醒の様態に身を置くことができる。

その上、完全覚醒では、人は生きるためのことや、高い目標を遂げることに注意を払うだけでなく、自分自身や周りの世界（他者や自然）にも注意を払うようになる。そして、ありのままの現実世界が見え、自分の抱く世界観が自身にとって意味あるものになり、まるで目の前のベールが取り去られたように、世界の情況や構造にいたるまでがはっきりと見えてくるのである。

フロムは「覚醒」の例を挙げ、誰にでも起こりうる「自覚・認識」の状況を次のように語った。

　　我々は、親類とか、友人とか、知人とか、仕事の同僚とかの顔を何度となく見ている。ある日、なぜだかわからないが、いつも見ているその人の顔が突然全く違って見える日がある。あたかも新しい面であるかのように思える。その顔が生き生きとしてくる。驚くほどはっきりと、明瞭に、実体を伴って見える。我々にはその顔の中にその人間が見えるのである。その人の問題とか過去とか、どれも理論的な考察などへ導くものではなく、ただその人がその人らしさの中に見えるのである。[43]

突然、他者が驚くべき明確さで、生命に満ち溢れている人として見えてくる。理論的な思案などではなく、それはただ極度に覚醒した状態の人に起こる。直接的で、偏見のない認識のプロセスでは、二者が向かい合えば、互いに相手について思いをめぐらすこともなく、心理的な質問もかわさず、どのようにして今に至ったかとか、これからどのようになりたいのかとか、その人が善人なのか悪人なのかとも問わず、ただ二者は感じているだけである。実際、後になれば、二者は互いのことに思いをめぐらし、分析し、評価し、明らかにするかもしれないが、両者が感じている間に考えたとしたら、その気づきは台無しになってしまうだろう。

3 「気づき」

フロムの表現の「気づき」は、一つには現実に気づくことであり、彼は「気づくこと」に集中して注意を払う状態での認識、自覚であると意味づけている。[44] 自身の身体や精神を自覚することは一種の気づきであり、呼吸、筋肉運動、動作、太極拳、自身の感覚や気分などへの気づきのことである。感覚的気づきと集中的瞑想を一体化した太極拳は推奨すべき運動である、とフロムは言う。[45]

もう一つの「気づき」は、隠れているものに気づくことである。隠れたものへの気づきとは、無意識の存在に気づくこと、表現されているものを理解することである。

100年以上も前のことであるが、無意識を暴き、それを認めるすぐれた批評理論が二つ現れた。社会史のプロセスにおける動力と摩擦の関係を表したマルクスのダイナミズムと、個人の内面の葛藤を明らかにしたフロイトの理論であった。[46] フロムは、両理論に大いに感化され、この二つの理論は基本的に同じことを別の視点から表現したものであると結論づけた。

「気づくこと」は個人の内面の葛藤と社会の葛藤の両方を明らかにすることであるから、個人は社会から疎外されるべきではないし、社会の一部として組み込まれなければいけないとフロムは結論づけた。社会をコントロールする政府によってさまざまなメディアやプロパガンダを通してつくり出される社会的現実の幻想が、個人の透明な心に影を落とし、人の心が自由にならないように縛ってしまっている、と考えてのことである。

人は突然、社会の現実が非常にはっきりと見え始め、時に何の論理的根拠がなくても、自分たちの視野をさえぎっていた幻想を拭い去ることがある。それはどれくらい現実を把握できるかによる。

もしその人が現実を十分に把握できなければ、その人は混乱しやすく、不安に陥りやすい。そしてその結果、その人は偶像を追いかけ、偽造の支えによりかかって心の安らぎを得るようになるはずである。その反対に、個人がもっと現実を十分に把握できれば、その人は、外部からの支えや、助けなしに自分の足で立つことができるはずであり、自分の中に中心をもつことができるはずである。農耕社会で信じられているように、人々が母なる大地に立って触れたと

き、その人たちは精力的な活動へと自分を動かすことができ、自分が強く安定していると感じられるのと同様である、とフロムは考えたのである。

人間を真に理解することについてフロムは、自著『よりよく生きるということ』(1992年)の「気づくということ」の節で述べている。真実に気づくことには解放効果がある。エネルギーを放ち、人の目や心のくもりを取り去るから、さらなる独立心が湧き、自身の中に中心をもつことができ、明らかにより生き生きとしてくる、と。

この状態の気づきでフロムは、「自己認識・自覚」、「トランス・セラピューティック・サイコアナリシス」、そして「禅仏教の瞑想」の三つに共通点を見出していることがわかる。気づきの中心的概念から彼自身が開発したトランス・セラピューティック理論を構築しようとしたのである。

フロムの「気づき」や「真実を把握する」という概念に関連して、マルティン・ブーバーが自著『対話』で述べた「真の対話」について確認してみよう。ブーバーによれば、二者が対話交流するには三つのモード（様態）がある。どのモードにおいて理解が実際に起きるかというと、お互いに共通の関係にある二者が向かい合えば、真の交流も真の理解も得られる。その対話がことばを介してだろうと、無言のままだろうと、全く変わりはない。

ブーバーの言う真の対話モードとは、フロムが抱く気づきの概念を通して人間を本当に理解することができるという考え方と同じであろう。このような対話や理解は、フロムが力説するように、相当の集中力を伴った現実への「目覚め」や「気づき」を通して実現される。

ここでいう「真の対話」とは、静寂の中で行われ、一瞬のうちに向かい合う相手をお互いが深く理解できるというものである。『生きるということ』(1992年に編集)の中では、フロムは次のように表現している。

「二者が互いに見つめ合い、お互いの存在を感じ合っている。二人とも相手のその人たるその人らしさが見えるのである。二人を阻むものや妨げるものは何もなく、ただ真剣な気づきの状態の中に相手が見えるのである。このような何の介在も、何の妨げもない気づき

の過程では、相手のことにあれこれ思いをめぐらせたりしないし、気持ちを左右するような疑問もわかず、その人の現在や将来についても問わず、相手がいい人か悪い人かなんて問うこともない。ひょっとすると、相手を探ってみようとしたり、品定めしたり、立場をはっきりとさせようとしたりするかもしれない・・・・・・でも、もしその場でそんなことを考えてしまったら、気づきは損なわれてしまうだろう」と。

フロム自身も真の対話の好例をラジオ番組でのインタビューを通じて次のように述べた。「たとえば、一日中働き詰めだった二人の精神分析医が、共にやっと仕事を終え、肩を並べて家路についたとしよう。一人がもう一人に『あー、疲れた』と言う、ともう一人が『うん、僕もさ』と答える」。フロムはなぜこの短い会話が本物なのか、こう解説している。「両者とも、自分たちが共に一生懸命に働いていたことを知っていて、お互いがどれだけ疲れているかもわかっている。だから、ことばこそ短く、論理的な表現などなくても、両者とも身体的に仕事を経験し、お互いの感覚が非常によくわかるのだ。両者は互いの人間性において符合するのである」と。真の会話は身体的経験の交換において現れ、そのもっとも重要な要素はピュア（純粋）であることだ、とフロムは強調した。

4 マインドフルネス

フロムが述べたように、我々が日々暮らす中で一番大切なことは、我々自身の質を高めて感覚を磨くことである。また、何事も鵜呑みにせずに批判的視野をもち、疑問視することも大切である。我々が耳にすることは偽りであったり、一部だけ本当であったり、事の一部がゆがめられていたりすることが多いので、耳にしたことが真実かどうかを疑ってかかった方がいいのである。このことは本質的に性格、とりわけ人の自立の程度に関わることであり、知性とか教育とか年齢とかは関係ない。

より大きな自立のためには、服従の小さなサインに敏感になること、服従を正当化する理屈づけを見抜くこと、いつも勇気を持つようにすること、問題点の重要性を見極め、その答えを自分自身で見つけることなどによって、内面的に服従しない姿勢が決定的に重要

であることに気づかなければならない。フロムは、疑り深くなることを推奨したのである。

気づき力を高めるには、生活の中で専心できるかどうかが鍵となる。今行なっていることだけに一心に取り組んだ仕事と、専心しないで行なった仕事とは、違った結果を生み出す。働く人から放出されるエネルギーの量も質も違ってくるようだ。

フロムが指摘したとおり、今日では情熱的に無我夢中に取り組めることがなかなか見つからない。その理由は、人には自分のこと以外に専念するのを避けようとする傾向があるからだが、それにはいくつかの原因が考えられる。第一に、所有性向の人は自分への専念を他のものへ移すことで、自分自身を失うのではないかと恐れているからである。なぜなら、そういう人たちは自分の人生を築くためにいろいろな所有物を集め、それらを所有することで頭がいっぱいだからである。このような人々は中身がもろく、一つのことに専心するのをすぐやめてしまいがちである。「専心すること」は忙しいのとは違い、内面的活動を必要とする。第二に考えられる原因は、専念することは骨が折れ、すぐに疲れると人々が思い込んでいることにある。しかしフロムの視点から言えば、専念しないと人は疲れ、「専心」は人を目覚めさせるのである。エネルギーが活性化すると、人は精神的にも身体的にも生き生きとしてくる。[47]

専念することの難しさは、今日の生産と消費システムの構造が原因だとフロムは見ている。産業を維持繁栄させる目的で、人々がモノにすぐに飽きてしまい、新しいものを次から次へと購入するように仕向けられているのである。

フロムが推奨する専心法は、身動きしないこと、最初は一日10分ほどの一定時間じっと座っていること、自分の思考や感覚に集中すること、チェス・ゲーム、登山、テニス、他者などに一心になることである。ここで他者に一心になることがなぜ大切であるかというと、多くの人間関係の問題は他者への関心がまったくないことが原因になっているからだとフロムは言う。交流に無関心ということは、他者をペルソナ（仮面）以外の何者でもなく、ただ表面だけから判断しているのである。だから本物の人間同士の交流を求めるならば、他者の本質的なパーソナリティを理解するために、その人に専心す

ることが絶対条件なのである。[48]

しかしフロムは、このような行動をとらなくても人は精神的に専念した状態を保つことができるとも論じた。[49] 彼は、瞑想の基礎段階と、生き方を学ぶことの間には何らかの関連があるとの見解をもったようだ。そして二つの瞑想の仕方に言及した。一つは自己導入型のリラックス法で、もう一つは仏教の瞑想である。前者は「自己トレーニング」として知られる自己暗示によってはじめるリラクセーションである。後者は仏教の瞑想法で、自己リラックス法に比べてシンプルでわかりやすく、暗示によらない方法である。この瞑想は、貪欲、憎悪、無知（仏教では、貪、瞋、痴という）などをなくし、執着や妄想を脱した、より高度な様態に達することを目的としている。

より高度な専念へ到達するために、フロムは仏教概念の「心すること」を導入した。その概念とは、いかなる瞬間においても、人が今その瞬間に行なっていることに全身全霊で打ち込む様態のことである。仏教瞑想の目標は、可能な限り自己の心身のプロセスを自覚することである。[50]

禅仏教の瞑想で明らかなように、マインドフルネス（心すること）は日常のあらゆる機会に適用できる。身近なことに全身全霊を注いで在る、ということは、十分に意識が行き届いた様態で生きていることを意味している。仏教は、基本的にはユダヤ律法やキリスト教義と何らかわるところなく、人生のゴールは貪欲、憎悪、無知を克服することにあるという考え方を持っている。[51] あえて言うなら、仏教にはプラスアルファの要素があると言えるかもしれない。それは、仏教では自己の内的外的プロセスへの最善の気づきが求められていることである。この瞑想法は人の無意識を洞察する目的において一歩先を行く方法であるとされている。

フロムは最終的にこう述べている。「仏教教義の本質は、良識と批判的思考で現実を完全に認識した人間存在の規範であり、貪欲、憎悪、苦悩を克服できる哲学的・人類学的体系である」と。[52]

マインドフルネスがより大きな理解やより鮮明な意識を生み出したり、すべての偽りを浄化した現実像を示したりすること、瞑想が自然な形で潜在意識を身近に感じさせるものであると解説したフロムは、意識を最高レベルに高める方法としての精神分析的方法は正

当であり、他の瞑想テクニックと結びつけなくてもそれ自体で成り立つことを強調した。精神分析的方法は、伝統的瞑想への追加的あるいは補助的な方法の一つであると捉えてのことであった。[53]

5 自分を高める三ステップ

20世紀後半社会の問題に関してフロムは、自己認識、自己の心的・知的・身体的パワーの再発見、自己決断の判断主になることへの指針を示そうとした。[54]

そして、「所有する」か「存在する」かの二者択一を次のように語った。

> 人には「所有」か「存在」かの二つの根本的な志向がある。自己と世界に対する二つの異なった志向のことで、人がどのように考え、感じ、行動するか、その人の全体を決定する性格構造である。[55]

そして彼は、所有することと、消費することの今日的な環境において人が「より健全に生きること」[56]の目標を獲得するのに役立つと思われる三つのステップを具体的に示した。第一段階は自己のナルシシズムを打破すること、第二段階は自己のエゴとわがままを打破すること、そして第三段階は自分が他者や外界と関係をもつことである。

まず、ナルシシズムの克服についてである。ナルシシストにとってこの世はまったく彼らそのものである。それは、ナルシシストは眼中に入れる世界だけを考えるからである。彼らは、外界のものが自分に影響を及ぼすときだけ外界を意識するから、外界の他者もモノも現実ではなく、偽りの知覚となっている。

ナルシシストは目に見えない壁を自分の周りに築き、その中が全世界であるかのように感じている。典型的なナルシシズムは生まれたての赤ん坊や狂人のように、世界と関わることができないのである。しかし普通の成人もナルシシスト的になりうる。そのような人の中には知らず知らずに自分のナルシシズムをあけすけに出す人もいるが、実際、多くは外界の他者やモノに興味をもったり、あるい

は、宗教や政治やその他の社会活動に携わったりして、ナルシシズムの犠牲者にならないようにしている。一般的に、ナルシシストは寛大で、物惜しみせず、優しい。けれども他者を現実の存在とは決して思えないのである。彼らは必ずしも自分勝手でエゴイストで所有志向とは限らない。なぜなら、彼らの自発的な衝動は寛大で、所有するよりも与えることを好むからである。だからナルシシズムはもっとも発見が難しい心の特質の一つなのである。

第二段階の課題であるエゴティズムやわがままは、「所有志向」の結果である。このタイプの人がナルシシズムを打破し、外界の現実を十分に知覚し、本質的な経験と現実とを見分けるのは可能である。しかし、その人たちは、一人ぼっちで、誰とも関わらず、与えること、分かち合うこと、結束、協調、愛することに興味がなく、心が狭くて、他者に対して疑い深いのが特徴である。エゴティストやわがままな人は、ナルシシストと違って、しきりに搾取したがり、与えるのを渋る。彼らの強みは持っていること、それを保持することにある。しかし、ナルシシズムやエゴティズムを完全に識別することはできない。それは、「人が健全に生きる」というゴールに一歩近づくためには、エゴティズムや「所有志向」を打破しなくてはならないのに、その前提としてナルシシズムを突破することが必要になるからである。

フロムは、「自分のわがまま打破への第一条件は、そのわがままに気づく能力である」、「自分のナルシシズムに気づくよりも簡単なことだ。人は自分のわがままをなかなか隠せないし、そのことを自分で認めるのはそれほどややこしいことでもないからである。だから人は自分が身勝手である事実を認める方がナルシシストであると気づくよりずっとたやすいのである」と述べた。また、第二の条件については、「無力感、生きることへの不安、疑念への恐怖、人への不信感、その他諸々の所有志向の根源に気づくことである」と述べた。

最終段階は、健全な様態に達するステップを踏むための他者との関わり方である。この目的を達成するために成長が必要な人は、自身のナルシシズムやエゴティズムの根源に気づくことが重要である。この最初の「気づき」のステップの後に続けるべきことは、身勝手さを打破すること、所有物をあきらめて分け合うことを学ぶこと、

先に示したような最初の段階で生じた不安感を克服することである。これらを実践することは、自分の所有物、習慣、習慣的な考え、社会的地位にもとづく身分、他者がその人に抱くイメージでさえ投げ打つことをも意味するのである。

　自己の壁を打ち破り、他者に目を向ける試みは同時に行なわなければならない。他者や、自然、思想、美、社会的政治的出来事の世界に思いを向けることができれば、自己のエゴ以外の世界に関心をもつことができるようになる。関心、興味という英単語 'interest' はラテン語の *inter esse* からきており、文字通り「間に存在する」という意味である。自分の中に閉じこもるという意味ではないのは明らかである。関心や興味が膨らむということは、人を単なるアウトサイダーやオブザーバーにしておかない。彼ら自身の周りの世界にどんどんかかわるようにさせるのである。

　その人たち自身にナルシシズムやエゴティズムを減少させ弱めようという意志や決断があり、周期的な不安感を克服する勇気があれば、はじめてのちょっとした歓びを感じることができ、自分の中に強さを感じることができるのである。そのときこそ、'Well-Being'（健全に幸せに生きること）の新しい経験がプロセスに組み込まれるのである。フロムによれば、それこそが経験を積み重ね、人をパーソナリティの成長へと導く要因なのである。

　気づき、意志、実践、不安への忍耐、新しい経験などの概念に関して、フロムはこう結論づけている。「所有物志向のあり方においては、そのモットーは『何を持っているかが私なのである』。一方、ナルシシズムやエゴティズムを打破し、不安感を克服したブレイク・スルーの後では『何をするかが私である』。あるいは簡単に『ありのままの私』になるのである」と[57]。

　フロム理論を現代日本社会に適用する目的で、主に「財産を持つこと」、「所有物」、「所有すること」などに対するフロムの見解を述べてきた。しかし、「所有すること」と「存在すること」の境界線がはっきり示されたとはまだ言えない。

■注

1) Fromm. "A Contribution to the Method and Purpose of an Analytical Social Psychology", 1937.
2) Cf. Fromm. "Psychoanalysis and Zen Buddhism", *Zen Buddhism and Psychoanalysis* / 佐藤幸治「精神分析と仏教」『禅と精神分析』pp. 174-175.
3) Cf. 同書。pp. 174-175.
4) Fromm. "A Contribution to the Method and Purpose of an Analytical Social Psychology", 1937. p.45.
5) メンタル・スペース：カリフォルニア大学教授、認知科学者Gilles Fauconnier（G. フォークナー）が、著書 *Mental Spaces: Aspects of meaning construction in natural language*, Cambridge University Press, 1994. の中で導入した言語学専門用語。人間の心的受容能力に基づく理論で、個々人や個々人の属性、関係性などの要素を含む認知体系を言う。この認知体系は日常会話、常識、共通感覚などは関係性で結ばれ、文化的脈絡によって組み立てられている。言語哲学の中心的研究であるこの理論は、メンタル・スペースやコネクターを用いることによって空間を異にする我々個々人相互間の解釈が可能になることを示すものである。
6) Fromm. *Escape from Freedom*, pp.276, 287-292; and G. P. Knapp. *The Art of Living*, pp.3-4.
7) Fromm. *Escape from Freedom*. pp.101-102, 284
8) 同書。pp. 284-285.
9) 同書。p. 275.
10) 同書。pp. 275-276.
11) 同書。p. 276.
12) 同書。pp. 284-285.
13) 同書。pp. 278-279.
14) Fromm. "A Contribution to the Method and Purpose of an Analysis", p.4.
15) 同論文。p.4.
16) Fromm/Schultz. The radio broadcasting on Jan. 3, 1971, *Über die Liebe zum Leben* / 邦訳：佐野哲郎、佐野五郎『人生と愛』 pp.7-15.
17) 同書。邦訳：p.28.
18) 同書。邦訳：p.29.
19) 同書。邦訳：p.37.
20) 同書。邦訳：p.38.
21) Fromm. *The Art of Being*, p.ix, fwd. Funk./邦訳『よりよく生きるとい

うこと』(2000年)。フロムの没後、ドイツのチュービンゲン大学のフロム研究者ライナー・フランクにより編集された著作。
22) Fromm. *The Art of Being*, p.ix, fwd. Funk, p.113.
23) 同書。pp.111-113.
24) Fromm/Schultz. The radio broadcasting on Jan. 3, 1971, *Über die Liebe zum Leben* / 邦訳 pp.39, 171-173.
25) 同書。pp.39-40, 171-173
26) Fromm. *The Art of Being*, p.113.
27) 同書。p.114.
28) 同書。p.114.
29) Fromm/Schultz. 邦訳 pp.13-14.
30) 同書。p.15.
31) 同書。p.16.
32) 同書。p.114, note 5 & *The Anatomy of Human Destructiveness*.
33) Fromm. *The Art of Being*. p.114.
34) 同書。p.115.
35) 同書。p.115.
36) 同書。pp. viii-xi, fwd. Funk.
37) 同書。p.31. quoted from *Purity of the Heart and to Will One thing: Spiritual Preparation for the Office of Confession* by Kierkegaard, New York: Harper and Brothers, 1938)
38) Fromm. "Die Determiniertheit der psychishcen Structur durch die Gesellschaft. Zur Methode und Aufgabe einer Analytischen Sozialpsychologie", 1937 in *Gesellschaft und Seele*, pp.78-79.
39) 同書。
40) 同書。pp.78-79.
41) 同書。pp.78-79.
42) Fromm. *The Art of Being*. pp.34-37.
43) 同書。pp.36-37.
44) 同書。p.37.
45) 同書。p.39.
46) 同書。p.40, footnote 3.
47) 同書。p.45.
48) 同書。p.48.
49) 同書。pp.49-50.
50) 同書。p.50, footnote 2.
51) 同書。p.53.

52) Fromm. *The Art of Being*. p.53, *The Heart of Buddhist Meditation* (by Nyanaponika Mahathera) からの引用。
53) 同書。pp.53-54.
54) 同書。pp.117-120.
55) Fromm. *To Have or To Be?*, p.24.
56) Fromm. *The Art of Being*, pp.117-120.
57)『何をもっているかが私』'to have'、『何をするかが私』'to do'、『ありのままの私』'to be'の三様態は、新渡戸稲造の人間観と一致し、新渡戸は'to be'を根本的価値であるとしている。

第4章

フロム思想と日本

「現代社会現象や、そこに暮らす人間の諸現象には多くの病理が見られる」とフロムが指摘してから30余年が経過した。彼は、1900年代中期〜後期の現代社会に特徴的な現象をどのように解析したのだろうか。また、そこから得た結果は、日本社会における人間諸現象にも適用することができるのだろうか。

1 | 常態社会の狂気性

フロムが指摘した現代資本主義社会の常態性病理の諸現象を挙げ、以前は日本人独特の感情だと言われた「甘え」の心理と比較しつつ、現代日本の社会や人々を理解する上での関連性を探ってみよう。

フロムは、人間や社会の諸現象における「狂気性」を社会心理学の面から研究するとともに、社会あるいは個人の内面的病理はいかにして防げるかを探究した。彼は自著『自由からの逃走』(1941年)と『正気の社会』(1955年) の中で、現代資本主義社会に見られる常態性病理現象に焦点を当て、その具体例として、人間疎外、権威主義、破壊的であること、オートマトン（自動人形的従順さ）、などを挙げた。

今日、多くの文化に蔓延しているこのような病理は、現代日本社会にも垣間見られる。かつては日本人に特有の感情とされ、日本社会に特徴的に顕在すると考えられていた「甘え」のマイナス面は、フロムが『自由からの逃走』で分析した現象に類似している。ナルシシスト的で、ひねくれた、**負の「甘え」感情**（悪い「甘え」）にもフロムが指摘したのと同様のメカニズムが見られるからである。甘えの感情は西洋人の目には時に異様な現象に映るかもしれないが、甘えに由来する精神性は日本の常態社会に生息すると考えられる。

1 常態性病理現象

a) 人間疎外現象

フロムは、人間疎外現象は中世的な前資本主義社会から現代資本主義社会への移行に伴った社会システムの変容に起因する、と分析した。そして『自由からの逃走』や『正気の社会』の中で、独自の

「社会的性格」の理論を用いて、職業に由来する人間疎外のメカニズムを解き明かし、社会構成員に病理を引き起こすような社会は、その社会自体が病んでいるからだと断言した。

　現代社会に比べて中世社会では、人民の社会的階級や職種による制約があり、個人の自由度が著しく限られていた。けれども人々は「自分たちの在るべきところに落ち着いている」という感覚を持ち、それなりの立場が保障され、比較的満足して暮らしていたと、フロムは推測した。しかし、当時の人々は社会システムによって安定した生活が保障されていたにもかかわらず、政治的、経済的、精神的束縛から逃れて自由を獲得しようと努力を惜しまなかった。それゆえフロムが指摘したとおり、現代欧米史はそういった自由獲得の闘いの連続であった。[1] 彼はこう発言している。「現代人は、前自由主義社会を支配していた社会システムの束縛からは自由になったが、自己実現という本来の意味での自由はまだ獲得していない」[2] と。つまり、人々は外面的には自由になったが、内面においては知性的にも、情緒的にも、感覚的にもまだ十分に自由ではなかったことを意味したのである。

　果たして、人々は政治的、経済的、精神的束縛から解放されて、現代資本主義社会の中で自立と理性とを手に入れることができたのであるが、その反面、自由主義社会の中で人間相互の、また自然環境との良い関係を失い、不安感と無力感を味わうはめになってしまったのである。なぜなら、現代資本主義社会では、効率と利潤追求のために機械が人力に取って代わるようになったからであると、フロムは指摘した。彼はこのような状態を「人間疎外現象」と呼び、どの労働社会においても起こりうる現象であることを指摘して次のように語った。

　　「人間疎外はどんなところにも起こり得る。人が関わる仕事、消費するモノ、精神状態、友人との関係などだけにとどまらず、その人自身についても言えることだ。人は今までに存在しなかった人工的なものを創り出した……だが、自分たちが創り出したものに圧倒されてしまっている。」[3]

「こんな状況で、我々個々人は自分自身が創造主であるということさえ実感できず、自分たち人間が主体であることさえ忘れてしまっている。そして自分たちが創り出したものの僕として、自動人形に成り下がってしまったのである。人間は技術的に複雑な機械を作ることに躍起になり、洗練された都市社会を築き、皮肉にも当の本人は人間としてさらなる無力感を味わうようになってしまったのである。」4)

　価値観とか思想とか、少なくとも環境となる社会に一人ひとりが関与することが必要不可欠である。関与することで個々の人が環境社会と互いに作用しあっていると実感すれば、その社会に属しているという認識がもてるはずである。だから、「人間らしく、より健全に生きるには孤立は避けなければいけない」。5)

　しかし万が一孤立してしまったなら、誰もが、耐えがたいその状況から抜け出す方法を模索するはずである。フロムによれば、このときに人が取る道は二つに一つである。第一の道は、自分が求めている自由を諦め、その自由に背いて新たな依存状態と服従に身を委ねようとする選択。第二の道は、全くの自由を獲得し、自己実現を目指してたった一人で前進しようとする選択である。

　大方の人は、簡単な第一の道を無意識的に選んでしまう。そのほうが周りの有力者やその権威に同調することで、自分に強さを感じることができるからである。このように、人々が自由から逃避しようとする志向をフロムは御都合主義と呼び、その道を選ぶことは、結局、大衆動向の犠牲になることだと断定した。孤立を恐れて、大衆動向や世論に同調して身を捧げたいと願う孤独な人々は、その願いを受け入れてくれるたった一人のエリートの声に自分の自由を委ねてしまうものなのである。けれども、人が環境に適応しようとすればするほど、孤立を避けようとすればするほど、自分の内面に疎外感を創り出してしまうというのが本当のところである。

　この悪循環において、人間疎外は個人的にも社会的にもさまざまな病理を生み出す。このことをフロムは「社会の狂気」と見なした。彼は、このような問題はあたかも常態であるかのように、知らず知らずに見逃されていると判断し、人間疎外現象は、人が消極的な道

を選んだ結果だと述べた。では、他にどのような常態性病理現象を彼は指摘しただろうか。

b) サディズム的性向とマゾヒズム的性向

　自由を追求することを諦め、絶えがたい孤独感を忘れ去ろうとする形には、サディズム的性向とマゾヒズム的性向があるという。独立した一人の人間であることを捨て去り、自分以外の何ものかと一体になって、一人では味わえなかった強さを獲得するのは一種のマゾ性向であり、マゾ性向がさらに高じると、支配と服従に奮闘するようになる、とフロムは言った。つまり、マゾ的、サド的性向はその度合いによってさまざまな形となって、健常者にも神経症者にも見受けられるのである。[6]

　典型的なマゾ性向の人々には、劣等感、無力感、自己存在否定があり、自身を過小価値化し、自分が弱い存在で、何事も成し遂げられないと思う傾向がある。たいていは自分以外の人や団体の権威に依存し、自然の成り行きに身を委ねる傾向がある。自分自身を表現したり、やりたいことをしたりするのには積極的ではないが、外的権威には積極的に依存しようとし、極端な場合には、自身を傷つけても、それで苦しむのをなんとも思わないのである。

　フロムの理論では、このようなマゾ的徴候は明らかに病理として認識されている。しかしながら、別の観点からは、マゾ的依存は時に「愛情」とか「忠誠心」として正当化されると言えるだろう。また、劣等感は、現に欠点の表現として妥当だと考えられるし、その人の悩みは周りの環境が変えられないせいだと捉えることもできる。

　一方、サド性向もマゾ性向をもつ人と同じ性格の人に見受けられ、その度合いもさまざまである、という。フロムはサド性向の性格を互いに密接に関連し合う三タイプに分けた。[7] 第一のタイプは、他者に威圧的で、他者を自分の道具として操り、自分に依存させる人たちである。第二のタイプは、本質的に他者をとことん支配したい願望があり、他者から搾取し、奪い取り、腸（はらわた）までえぐり取って利用する人たちである。第三のタイプは、他者が傷つき、病むのを見たいと思う人たちで、時に他者が精神的に悩む以上に身体的に苦しむのを見たがる人たちである。

サディズムに偏った人たちは、おそらく皆、頼る相手がいないと生きていけないはずである。この性向は、マゾ性向よりもずっと正当化されやすく、気づかれることもあまりない。その理由はサド性向の人は、他者に対して（過剰に）善良であったり、（過剰に）関心を示したりするからである。フロムはそのような正当化の特徴的な例を挙げた。[8]

たとえば、「私の言うとおりにしていればいいんだよ、だって私は君にとって何が一番良いのかがよくわかっているんだからね。だから、私に逆らわないで進んで従うべきなんだよ」とか、「私ほど素晴らしい人間はいないんだから、私がみんなから頼られることを期待するのは当然の権利なんだよ」と。ここでもっとも著しい例はサド的な親であるという。親はいつだって子どもをコントロールしようとするから、子どもは、親のために親が望むことをするようになってしまう。最悪の場合には、親たちは子どもの人生を乗っ取り、占領し、親の所有物にしてしまうのである。

正当化には、その陰にある搾取性向を覆い隠してしまう別の姿もある。たとえば、「君のためにこんなにも尽くしてあげたんだから、今度は私の欲しい物を君から取る番だよ」。[9] さらにもっともひどい正当化では、「人に傷つけられたから、私がその人たちを傷つけたいと望むのはもっともなことだ」とか、「自分や仲間が傷つく恐れがあるから、こちらから攻撃して自分たちを守らなくては」[10]という例である。

フロムが力説したように、このような正当化においては、支配者とその服従者、あるいは支持者の関係性が鍵である。その関係性は、サド性向全般的に言えることだが、支配者の方が服従者、つまりは、支持者に依存している点が特徴的である。マゾ的な人たちの依存ははっきり表れるが、サド的な人の依存はその度合いがいくら強くても、「善意」という衣に隠れて気づかれない。[11] このように姿を変えた依存は、親の子どもに対する権威的な態度や、子どもを所有物化することによく表れるが、親が子どもに対して抱く当然の関心や、子どもをかばう親の気持ちに姿を変えている。子どもには何もかもが与えられるが、「自由」と「独立」の権利だけは与えられないのである。親子関係に限らず、師弟、奴隷制度、夫婦、教祖と信者というような「支配と服従」の要素が絡む関係はすべてこのような状況

に当てはまる。

　フロムによれば、サド的衝動の究極の本質は、自分以外の人や生き物を支配する喜びである。[12] この欲望はマゾ性向と正反対であるかのように思えるが、これら二つは互いに親密に絡み合っているというのが本当のようである。両者は対称的な態度として表現されるけれども、心理的に同じ基本欲求が根底にある、とされる。つまり両方とも当の本人が孤立感や弱さに耐えられないという悲惨な状況にあるということだ。[13]

　フロムはサディズムとマゾヒズムに共通するこのような根拠を「シンビオシス」(共生) と呼んだ。[14] なぜなら、たいていの人にはこの二つの性向が共存しているからである。それに、たとえ同一人物であっても、積極的な面と消極的な面が常に入れ替わるからで、どのような時にどちらの面が表面化するのかを定めるのは難しい。しかし、どちらの場合であっても、「自律の精神」と「個性」の両方が欠けていることは確かである。

　フロムはこの二つの性向には「愛情」が深く関係している、と次のように注意を促した。

　　「……サディズムやマゾヒズムは愛情と混同されている。特にマゾ的現象は愛情表現と見なされている。他者のために自己否定する態度や、自分の権利を放棄してまで他者への主張を諦める態度は「懐の深さ」として褒め称えられてきた。……しかし愛情とは自由と平等を基盤にしているものだから、もしその態度が服従やパートナーの不誠実さが基盤になっているなら、いくらその関係が正当化されようとも、それこそがマゾ的依存なのだ。サディズムもまた愛情という衣をまとって表面化するが……要は支配することが喜びになっているかどうかだ。」[15]

　心理的には、サド的、マゾ的な人たちは、どちらもほかの誰かと共存関係になりたいという願望に駆られている。どうしてかというと、そのような人たちは、「いつも誰かに関わりたい」とか、「誰か、あるいは何かと繋がっているという気持ちをもっていたい」からである。[16]

96　第4章　フロム思想と日本

c) 権威主義

サド、マゾ性向に関連して、権威主義を取り上げる。権威主義は実際の支配としては表面化しないが、人のパーソナリティに内在する問題である。フロムはそれを病理と見なし、支配と服従の関係が認められれば、そこには権威のようなものが内在すると述べた。「ある人が他者を自分より上の優れた存在だと見なすような対人関係は、権威に該当する」と。[17]

権威に関してフロムは、支配と上下関係との基本的違いを指摘した。前者を合理的権威（正当化された支配）、後者を抑止的権威と呼んだ。家族・夫婦、奴隷制、師弟、上司と部下など、どのような関係でも上下の関係は存在し、前述したような二つのタイプの権威は混在する。しかし両者は本質的に違ったものなのである。[18] したがって、心理分析でどちらのタイプの権威が関係するかを見極めることは重要なことである。

権威は必ずしも実在する人物や組織・機関のような目に見える形で顕れるとは限らないという。義務や良心やスーパーエゴの名の下に、意識内の権威の形をとって顕れることも考えられる。したがって、もし人が外部からの指示を鵜呑みにして甘受するなら、その人は完全に自由だとは言えない。しかし、もし自分の性癖を克服し、道理でも、意志でも、良心でも、ある一つの部分で優位な立場を築いたなら、その人は、自分は自由だと感じるのである。フロイトもフロムも、外的権威の役割を内面化させたものが良心であり、スーパーエゴであると説いた。良心とは外的権威に劣らないほど過酷に人を支配するものであり、さらに、命令や強い要求はその人の内面から発せられるので、人は自分のその要求や命令に背くことなど到底できるものではない、と言及した。

では、どのような権威が個人生活を牛耳るのだろうか。人々の生活には、目に見えないさまざまな形で権威が登場してくる。それらは、フロムが「匿名の権威」と表現する一般常識、社会通念、科学、精神衛生、常態、世論などに姿を変えている。それらは、はっきりとした要求や命令としては顕れないが、思慮深い忠告や、よく練られた広告で勧誘するように、積極的に受け入れてもらえるような穏やかな説得の形をとると考えられる。我々の社会生活の雰囲気は、

このような曖昧な示唆が充満していて、その誘いのとおりに我々が行動するように気をひき、心を動かそうとするのである。権威者の思い通りになるように人々を操る、いわば心理的テクニックなのである。だから、操られないためには、本心から人のためを思って発せられる真の忠告や示唆と、フロムが常態性病理と呼ぶ偽りの忠告とを見分ける必要がある。

d) オートマトン（自動人形の従順さ）

現代資本主義社会では、大方の人が孤独感や疎外感を感じているけれども、その寂しさを感じないようにする方法として「自動人形のように従順になること」を人は選ぶ、とフロムは指摘した。一人の人間が自動人形に成り下がる過程では、同化、一体感、合理化（正当化）、順応、洗脳、連想、置き換え、感化が生じる。一個人が自分自身であることをやめて、帰属する文化そっくりのパーソナリティをそのまま受け入れれば、その人は他者や、環境と密接に結びついて、相互間の不一致とか、孤立とか、無力とかの恐れを感じなくなる。そうすれば、個人は環境に溶け込み、他者と区別がつかなくなる。自主性も自分という主体も、また孤立の不安感や恐れがなくなる代わりに、周囲との一体感が得られるのである。この現象はある意味で、ある種の動物に見られる保護色のメカニズムのようだ、とフロムは述べた。[19]

中世の前資本主義社会から現代資本主義社会への移行により、人々は自由を知ってしまったから、ほとんどの人たちは自分たちが望みどおりに自由に考え、感じ、行動していると考えている。このことは「現代個人主義」として表現できるだろう。[20] しかし、それは幻想にすぎない。ほとんどの場合、そのような考えは危険でさえあるとフロムは警鐘を鳴らしている。人々が自ら考え、行動し、感じているかのように錯覚させ、人々の内面をコントロールする一種の雰囲気が醸し出されていると考えられる。もしそうなら、この種の状況は、社会通念、時代観、思潮などを生み出し、権威をもつエリートの中には、自分たちの望みどおりに人々の行動を誘導する目的でこれらの手段を用い、人々の気持ちをいともたやすく操るのである。フロムがこの現象を「自動人形の従順さ」と呼んだのはその

理由からなのである。

　しかし、オートマトン（自動人形）のメカニズムでは、人々の気持ちや考えが外部から強要されているにもかかわらず、自らが発したものとして自覚される点が不思議である。フロムはこの好例として、催眠、特に催眠後の実験を取り上げた。催眠状態では、外部から被験者が自分の思考、感覚、願望、肉体的興奮だと錯覚を起こすような刺激を与えると、その被験者はその思考や感覚が実際に自身のものだと思い込んでしまう。そして、その現象は我々の日常生活でも起こっている、と彼は警告した。

　いくつかの例を挙げて、フロムはこの問題の核心について「人は自分が発することばは自分の考えから出たものだと信じているかもしれないが、ほとんどの場合、そうではなくて、偽りの考えなのである」[21]と述べた。このような現象では自動人形のメカニズムが働いて、気づかないうちに同化、同一視、合理化、洗脳、示唆、影響などが起きていると言える。

　合理化の例ではフロムはこう語っている。「友人からの借金の申し込みを断る場合、『お金を友人に貸すことは、その友を責任能力のない人だと見なしてしまうことになりかねないし、他人に依存する人間にしてしまうかもしれないから、お金を貸すのはその友人のためにならない』と考えるだろう。友人を思いやる親切から、自分は良い断り方をしたと思うかもしれないが、これは明らかに合理化に関係している。断りの動機は『出し惜しみ』に他ならない」。[22] 人の発言に筋が通っているとき、それだけで合理化と関係しているとは判断できない。その人は気づいていないかもしれないけれど、心理的な動機も考慮に入れなければならないのである。合理化のメカニズムは、本来、無意識の思考、欲望、感覚、性質などの覆いを取り去ることでもなく、また、そこにスポットライトを当てて明らかにするようなものでもない、とフロムは言う。合理化のメカニズムとは内在する感情的な偏見を強めるものであり、目の前の現実と自分の願望とを上手につり合わせようとする試みなのである。「要は、何を考えているかではなく、どのように考えているかだ」と彼は結論づけた。

　自動人形の別の例としてフロムは、同一視や同化の概念を引用し

ている。[23] これは、他者との交際で生じる偽りの感情である。たとえば、パーティーで愛想よく楽しそうに振る舞っていた人がいたとする。その人は親しみのある笑顔で「とても楽しかった」と言って会場を後にするけれど、そのあと、自分がパーティーで好印象を与えることができたかどうかが気になって、にわかに笑顔が消える、というケースである。現代社会では、誰もがいつでもこのような心配事を抱えていて、「他者から受け入れられなければならない」と感じている。誰もが「こういう場合にはこう感じるはずだ」というある種の感覚に慣れきっていて、誰も自分の陽気さは「本物ではない」という事実に気づかないのである。

次にフロムが取り上げた例は、見せ掛けの望みである。[24] この現象は、人の本来の考え、感覚、意志を、見せ掛けの考えや、感覚、意志に置き換えるために生じ、結局は本物が偽りのものに入れ替わられてしまうことである。この置き換えは、人々に自らが望んだものだと思わせるようなやり方で、個人の本当の望みを押さえ込んだり、その人が他者の期待に合わせようとしたりして、外部からの見せ掛けの行動と連動して起きる。そして個人を強烈な不安の心理状態に陥れるのである。そのような状態にいったん陥ると、たいていその人は他者の期待を映し出す存在になり、アイデンティティを失って不信で頭がいっぱいになるのである。この悲惨な状態を抜け出そうと、人は他者に順応し、絶え間なく好感を持たれることに自身のアイデンティティを求め、他者に認められなければならない羽目になるのである。しかしほとんどの場合、社会習慣や義務感が個人に働くので、その人は選択の余地などほとんどなく、意識せずにこれらの事実を合理化し、社会に蔓延するこのようなシステムに従う羽目に陥る。したがって自動人形のこのメカニズムは、ある意味で、個人の社会化と社会機能の両方を保持する手段でもあると考えられるのである。

「現代社会は、自動人形的人間を増やし、人々に無力感と不安感を植えつけた。その上、不安や不信の悩みを解消して安心感をもたらすような新しい権威に屈服するように人々を誘導した」、その極端な例が独裁だ、とフロムは分析した。[25]

2 「甘え」の病理面

この項では、個人的、社会的両方の病理に関連した「甘え」のマイナス面を取り上げる。かつては日本人に特有な感情といわれていた「甘え」のメンタリティーも、フロムが取り上げた常態性病理の概念と同様に、病理と見なされうる側面があるだろう。

「甘え」の概念とメカニズムは、日本の精神科医、土居健郎によって明らかにされた。土居によれば、日本以外の国では「甘え」を的確に表現することばがないだけであって、この心的性向は、決して日本人特有のものではなく、他国の人々も持っていると言う。また、「甘え」は愛情、ケア、愛着、依存心などに関係すると考えられ、日本社会ではどのような人間関係にせよ、多かれ少なかれ認められるものである、と。

土居理論によれば、「甘え」には二つのタイプがある。[26] 一つは新生児と母親との関係から自然的に発現する、いわば「よい甘え」あるいは、「原初的（第一次）甘え」と表現できるタイプのものである。もう一つは個人のナルシシズムやわがままに関係する「甘え」で、自然発現した「第一次甘え」が受け入れられなかったときに生じる、歪んだ心理性向に起因する「悪い甘え」である。これら二つの願望の根源は同じだが、その表現方法によって心持ちと態度が違ってくるという。フロムが分析した人間疎外現象、権威主義、自動人形という心理状態の社会病理と関連させて、これらの甘えのタイプをここで取り上げる。

たとえば、「よい甘え」が欠けている人間関係は無慈悲で冷淡な傾向がある。この甘え感情は、さまざまな社会問題を解決し得る前提条件として考慮に入れられるべきであろう。そして、前向きな生き方として世界的レベルでも理解されるだろう。この観点は、フロムが深刻な社会問題や人間性の問題は人間相互関係の欠如が原因であると捉えたことに準じている。つまり、人間関係の問題は「よい甘え」の欠如と何らかの関係があると言えそうだ。

a) 迎合

前述のように、フロムは「人は大衆動向に染まり迎合する」と指摘し、「誰しも取り残されて孤独にならないように周りの環境に順応

するものだが、周りの人たちに順応すればするほど、疎外されていると感じる」と述べた。土居は、このような現象を「甘え」の視点から取り上げ、環境を受け入れて迎合することは人間疎外の原因ではなく、むしろ、とても小さなコミュニティでは人々の善意や願望の結果としてお互いに同調し合うことであると述べた。

　土居は、他者との和を望んでする迎合は「甘え」の変形であると捉えた。「甘え」は人間関係から生じるので、人間関係に影響するものは何でも簡単にその原初的感情を迎合に変えてしまうのである。「迎合は人々をその時代の社会気風に強制的に順応させる」と土居は語った。そしてそこには「甘え」のよくない面が関わっているとも言う。[27] それどころか、迎合の心理は社会で「甘え」が否定されたときにこそ強まるようである。この「甘え」に対する否定的な態度は、社会の中心になって活躍している人たちの間に頻繁に見られる傾向がある。土居は「甘え」が否定的に捉えられる一番の理由は、「甘え」は頼る相手が必ず必要になるので、依存心と同一視されているからだと指摘した。[28] さらに土居は「甘え」に対するもう一つの否定的評価の理由は、平等主義に反するからではないかと推測した。[29]

　土居の理論では、「迎合」が「甘え」と混同されている限り、迎合は他者から好感をもたれるための控えめな態度であると解釈されてしまう。つまり、好かれたいために、本心を隠し、他者に対して謙遜した態度をとることと解釈されるのである。[30] 人が甘えたいとき、つまり自分以外の誰かに好かれたいとか、誰かに頼りたいと思った場合、その人の言動は相手の好感を得るために無意識的にも故意的にも「迎合」に似てくるのである。この意味で、迎合は基本的に「甘え」と見なされ、その両方が日本社会に存在すると言われている理由であろう。

　その一方で、迎合の印象を与えるような言動は、ときに他者の意思に従うための第一歩であるかのようにも見受けられる。しかし、その言動は本人の利益のために無意識のうちに行なわれているというのが本当のところである。この意味で、迎合は歪んだタイプの「甘え」[31] に似たものとして捉えることも可能である。さらに、この無意識の迎合は親子関係、師弟関係、職場での上司と部下の関係など

に存在しやすい。このような場では親密さが必ず存在するからである。そしてこのような関係では上下関係がはっきりしているにもかかわらず、「甘え」や「甘ったれ」がその序列を乱し、無効にしてしまう。それゆえ、「甘え」心理の変形だとされる迎合には害があると言われるのである。

　迎合に注目して、土居は歪んだ「甘え」の一種として「親切」の形に言及した。[32] この種の親切心は熟慮から出たものではなく、主に他者の気を引くために仕組まれたものである。反発から起きる厄介な問題を避ける一手段であるため、一種の歪んだ「甘え」、つまり「甘やかし」と捉えることができる。このような親切は、相手の気持ちを考えているわけではなく、単に人間関係での摩擦を避ける手段としての諂いである。

　日本人にとって迎合というのは、他者と和を保つことに関係があるから良いことであると捉えている面がある。これは日本人の連帯意識や帰属意識からくると推測される。しかし、このような良い面は、日本文化の西洋化に伴い、否定され無視される傾向にあった。自分たちの日本古来の文化や伝統を過去のものと捉え、西洋の考え方にすりかえようとするからである。この現象も自分より優位だと考えられる者への無意識的な服従かもしれないのである。

b)「甘え」のサド的側面と権威崇拝

　「甘え」のサド的側面は、他者と共に生きていく能力に欠けている点に見られる。この問題について、まず、日本社会に病理として見うけられる「甘え」の形をいくつか取り上げてみよう。ここで取り上げる現象は、フロムが話題にしたサド性向によく似ている。

　「甘え」に至るほどの絶対的権威に価値観を置く人は、世話好き、責任感が強い、愛情が深い、などの形をとって他者を支配する傾向がある。そういう人は自分が世話をやき、責任を持ち、愛している相手を手中に収めようとする。それはフロムが「陶芸家の手中の粘土」[33] と表現したのとまさに同じ意味である。このようなシナリオは、会社組織、武家制度、反社会勢力、家庭などの人間諸関係にも認められる。そしてサド性向にある人は往々にして、部下、家来、子どもなどを世話し、可愛がり、しかしその反面、自分の持ち物の

ように扱うのである。

　しかしその人こそが、常に精神的に部下、家来、子どもに頼り、依存する人なのである。特定の関係を保持することは、そのような人が存在するためには必要不可欠である。もしその人が誰かと何の関係も見出すことができなければ、その人の人生はその人自身にとって無意味になってしまう。そういう人たちにとっては、感情を外に出したいがために、また、日常で他者を支配したいがためにターゲットとなる人を得る傾向が自分にあるなどとは思いもよらないことである。その上、このような欲望は権威として認識されないどころか、善意として受け取られる。言い換えれば、このタイプの人は他者との関係性に頼っていて、その依頼心が他者を占領する自分のサド性向の感情から発しているなどとは思ってもみない。だから、そういう人は他者より優越感や権威があるように見えても、実はその反対で、精神的に他者に依存しているのである。

　サディズムやマゾヒズムは同一の人物に宿る。たいていの場合、サド性向はマゾ性向よりも意識されにくく、合理化されやすい。病的な「甘え」も表面的には他者に対する親切や気づかいという形をとって表れる。フロムは、サド性向の親には常習的な合理化がよく見られると言った。[34] そして、そのもっとも注意すべき点は、支配する者とされる者との関係性であると指摘した。マゾ性向の人の場合には、赤ん坊が自然に発する「甘え」と同様に、その傾向ははっきりしているが、サド性向の人の場合には、その強い意志にもかかわらず、その傾向は善意の衣に覆い隠され、姿を変えてしまっている。

　この種のサディズムは、親子関係に特に著しい。親の優位性や所有欲は、たいてい、親が子どもに対して抱く当然の関心とか、保護する気持ちとかに姿を変えている。[35] このような場合、「甘え」は親の側にあり、それが、師弟間、雇用者と就業者、家族・夫婦間、司教と信者など、支配する側とその服従者という関係にも生じ得る。

　他者をコントロールしたいという欲望は、一見、マゾ性向とは正反対のように見えるかもしれないが、実際は、これら二つの性向は同一人物の中で非常に深く関わり合っていることから、フロムはサディズムとマゾヒズムの「シンビオシス」(「共生」) と表現したのである。[36]

c) ひねくれた「悪い甘え」のマゾ的側面

前述したように、土居によれば、日本人の「甘え」にも二つの側面がある。それは、よい「甘え」と　悪い「甘え」である。フロムが「サド性向とマゾ性向の共生」と呼んだ心理と同様に、この二つの「甘え」も人間心理の同じ根っこを共有している。土居はこの状態を「甘え」のアンビバレンスで説明しようとした。[37]

赤ん坊が母親や家族に「甘えること」をはじめから受け入れられると、赤ん坊は母親との間に心地良い強い相互関係を築くことができる。しかし、もし受身的な「甘え」がはじめから受け入れられずに拒絶されれば、赤ん坊の感情はひねくれて、歪んだものになり、病的な依存心の隠れ蓑となってしまう。このような病的な依存状態は負の感情であり、「恨む」、「妬む」、「ひがむ」、「すねる」、その他の病的現象、たとえば被害妄想、対人恐怖症、自己喪失などの感情が表れる、と説明している。

土居によれば、第一次的なよい「甘え」は良い母子間で信頼感として相互関係的に生じるはずである。[38] このような関係では、子どもは母親が自分を世話してくれることを絶対的に信じ、甘えたいときにいつでも甘えることができるのである。母親の方も自分がする行為を子どもが喜んでくれ、愛情で応えてくれ、関心をもってくれると信じている。母子の安定した相互作用である。

その一方で、もしそのような安定した母子相互間に信頼関係が存在しなければ、子どもは甘えたくても、いったいいつ、あるいは、どうやって母親に甘えたらいいのかわからず、子どもの「甘え」の感情や気持ちは不安定になる。このような心理状態は子どもの心にある種の不安感をひき起こす。こうした状況下で子どもの甘えたいという感情は歪んでひねくれてしまい、その結果、子どもは「恨み」、「妬み」、「ひがみ」など、本来の「甘え」とは背中あわせの感情を経験するようになる。このような心の状態は精神科医によって「アンビバレンス」と呼ばれ、心の葛藤、心の二重傾向、相反する感情を同時にもつことが源泉であると考えられている。[39] この種の否定的な欲望はマゾ性向のパーソナリティから生じるようである。

母子の親密な関係は、もともとは生存のためである。[40] 子どもの立場からは、母との一体感を得るためや、生存のために母親を必要

105

とすることは確かである。母親の立場からは、第一次的愛情のための親密な相互関係が必要とされる。しかし、子どもが、あるいは、子どものエゴが成長するにつれて、子どもは母親が自分とは別の分離した存在であることを認識するようになり、自立していく。この自立を基盤にして、子どもは自然に母親以外の人との関係を築き、それを基盤に次第に人間関係を外の世界に広げていくのである。[41]

土居によれば、「甘え」ということばは、人が、自立心が芽生えた後に、かつての母親との関係に戻りたいと思ったときに使うのが正しいのだそうだ。[42] 日本では、この受身的な心理は、リビドー的愛情とは違い、人生の終わりまで続くと考えられていて、大人にもありうることである。そしてこの点が、社会での人間関係をスムーズにするとも考えられている。

しかし、母親の性格やその他の環境の条件によって、もし幼少期に母親との親密な良い関係が妨げられたら、その人は母へのこの思慕を乗り越えることはできないのである。これが大人になってからの病的な依存心をもたらして、人とのつきあいに類似の不安感や恐怖感をもたらす、というのである。

土居は前述の負の感情である「ひがみ（ひがむ）」、「妬み（妬む）」、「こだわり（こだわる）」、「悔み（悔しがる）」、「すねる」やその他の病理現象が日本社会に存在することや、なぜ第一次的なよい「甘え」が歪んでしまうのかについて説明した。[43] つまり、ごく幼い時期に甘えたいという気持ちが母親に受け入れられないことが、この病理の根っこであることを土居は指摘したのである。「悔しい」という後悔や、イライラの感情にはマゾ性向がある、と。[44]

マゾ性向は原初的な受身の「甘え」が抑圧されたことが原因となっている可能性がある。だから、誰かと親密に関わりたいという願望が無意識の中にそのままとどまっていると推測され、大人になってから、妄想（強迫観念）や先入観となって頻繁に表れると考えられるのである。この種の満たされない心的過程は、「甘え」の病的な表現として被害者意識、対人恐怖、自己喪失感などとして表れる。たとえば、大人になっても人見知りする傾向にある人は日本ではよく見かける。もし、この傾向がひどすぎるなら、その人たちは病んでいる。また、被害者意識や被害妄想などはマゾ性向と捉えることもで

きるだろう。これらは「甘え」心理との関係が深く、心的傾向の病変である。[45] 病的な被害妄想を病む人たちは社会的にも家庭的にも孤立している可能性があり、子どもの頃に甘えた経験が全くない人が多い。ものすごいプレッシャーの中で大きくなった人たちである。時期がきても自覚に目覚めることなく、ありのままの自分に気づくことができない。そういう人たちは自分が誰かによって邪魔されるのではないかということだけを心配する。[46] 本来の「甘え」という感情や気持ちを味わったときの快感を経験したことがないし、他人に共感したこともない。[47] その結果が自己喪失なのである。この種の自己喪失感は人間存在の基盤そのものを表していて、「誰かと共に在る」という経験なしには人間は存在し得ない、ことを我々に物語っている。どのような人でも「甘え」という先行経験なしには、自分というものをもつことはできないのである。[48]

2 フロムの対話的精神分析療法と日本の禅仏教

次に、フロム独自の精神分析療法"トランス・セラピューティック・サイコアナリシス"と日本の禅仏教との関連性について紐解いていく。

フロムが日本の禅仏教に感化されたことは前述したが、本節では、従来の精神分析療法を超えたフロム独自の治療法と、日本の禅仏教との関係を明らかにしていく。

若い時期に一時的に禅仏教に興味を示したフロムは、1950年代後半、メキシコで開催された学術会議で鈴木大拙に出会ったことで禅仏教への興味が再燃し、西洋の精神分析学と東洋の禅思想の相関性を実感したという。

大拙とフロム他の共著『禅と精神分析』(1960年) には、人生のゴール (目標) についてフロムの概念が述べられている。その目標とは、「自律の状態に在ること」を意味し、たとえば、自律、自己認識、自己解放、そして最終的にはウェル・ビーイング (well-being / 健全な存在・幸福であること) を意味する。このようなモード (状態) を取り上げたフロム思想は、精神分析療法と禅仏教との間にいくつか密接

な関連性があることを示している。

1 従来型精神分析療法への疑問

a） フロイト精神分析学の検証

　フロムは従来の精神分析療法以上の効果があるという独自の治療法を力説した。そのセラピーを受けると、自己認識度が高まり、内的に解放されるという特長があるとされる。

　フロイトの精神分析療法は、神経症の治療に限られ、患者の抑圧された性的記憶を自覚させるのに効果的な方法であるが、精神分析の機能に限定されている。抑圧された本能的衝動エネルギーを自己認識させる方法だと、その目標が患者の苦悩を和らげるセラピー効果だけに限定されてしまうのではないかと、フロムは懸念した。

　彼は、フロイト理論の検証を試み、リビドー理論やエディプス・コンプレックス以外の根本的理論は抑圧、抵抗、転移であることを突き止めた。[49] フロイトが1920年代に「リビドーと自我の葛藤」の理論を「『生の本能』と『死の本能』との間に生じる葛藤」の理論に変更したのは、当時の社会文化や学会に受け入れられるように、その価値観に適合させたのではないかと推測した。

　さらにフロムは、「ブルジョアの物質主義に影響されたフロイトは、精神力というものが人間を動機づけるとは考えもしなかったはずだから、人間の動機を性的エネルギーや欲望で理解しようとしたのだ」とフロイト個人の経歴にも言及した。そして、「人類の中心的な葛藤である『リビドーとエゴの葛藤』は、人間の態度や行動になくてはならない前提であった」と述べた。[50]

　これはフロムがフロイト心理学について行なったもっとも重要な分析の一つである。フロムが、人間存在と社会との関係に注目しながらフロイト個人のバックグラウンドをも念頭に置いてフロイト諸理論を検証したことは、彼が常にその時代の社会的文化的状況と個人の関係性を考察していることを示していると言え、それはフロムの社会心理学の根本的研究態度であると言える。

　『よりよく生きるということ』(1992年)の中では、フロイトの人間の葛藤に関する新理論に言及する前に、フロム自身の社会考察について解説している。

「どんなに独創的な思想家でも、帰属文化の思考様式やその範疇でしかものを考えることができないものだ。時には、独創的すぎる考え方であるがゆえに、その思想家は、他者に自分の考えをわかってもらえるように、説を歪めたり、狭めたりしなくてはならない羽目になる。そして元来の考えを最初に表現するときには正道をはずれた形になるはずである。やがて、社会の発展に伴って社会思考も進歩すると、その思想家の考えは、古い系統立てに縛られることなく、自身が思っていたよりもずっと重要な意義をもつようになる」。('Psychoanalysis and Self-Awareness' *The Art of Being*, p. 56 より)

フロムは、フロイトが、人間の葛藤を発見したこと、抑圧を研究する具体的な方法を開発したこと、夢分析や日常の人間行為を分析したことなどを賞賛した。しかし彼は、フロイトの言う性的衝動や自我とスーパーエゴの間の葛藤は、人類がもつ葛藤全体から見ればほんの一部に過ぎないのではないかと推測した。同時に、人間存在に対するこれまでの一般的な見解「コギト・エルゴ・スム（我思う、故に我あり）」という概念は、フロイトの科学理論の数々によって覆された、と述べている。

b) 従来の精神分析療法の危険性

フロムは、精神分析は限定されない分析機能をもたなくてはならないこと、そして、抑圧された諸々の葛藤を本人に気づかせることで内的解放を獲得できる方法でなくてはならないことを示唆した。したがって、彼は部分的にフロイト精神分析療法を取り入れ、自身のトランス・セラピューティック・サイコアナリシスに応用しようとした、と言える。

これを遂行するために、フロムは当時行なわれていた精神分析療法よりも「自己認識・自覚」を高める方法を推奨した。その理由は、それまでの精神分析理論や療法はいくつかの危険性をはらんでいることに気づいたからである。その起こりうる危険性としてフロムは次のものを挙げた。

① 安易な逃避

　第一に考えられるのは、人々が精神分析療法を日々の生活で直面する困難から安易に逃げ出す手段にする危険性である。機械化された産業社会に顕在するとされる「人間疎外」についても、彼は、人々が権威によって支配され、パターン化され、機械や自動人形やロボットのようにされたひどい状況を回避する楽な方法として権威に服従するのと同様に、安易に精神分析療法に逃避し、依存してしまう危険性を意味したのである。フロムは、人間は困難な事態から逃げ出すのではなく、物事を深く考え、自力で問題の解決法を見つけ出すべきだ、と主張した。

② 権力依存

　第二は、精神分析療法が、人々が安易に依存してしまうような強い権威になり得る危険性である。フロムはこの種の依存を転移ということばで説明した。精神分析療法の場合、分析医は患者の父親の役割を演じることになり、権威が生じてくる。分析医が患者の心を占領し、患者自身の成長を妨害し、気づかないうちに患者をコントロールしてしまう可能性がある、というのである。患者は父親への愛着は断ち切るが、その代わりに新たな愛着の矛先を分析医やセラピストに向けるのである。分析医やセラピストはその患者の権威となり、患者は自分の父親のイメージとして彼らに依存することになる。転移の現象はフロイトの転移理論がよく知られているが、フロムはこのような権威の問題に対処するには、フロイトの理論では不十分なことに気づいた。

　周知のフロイト理論では、極端な野心、強欲、サディズム、マゾヒズムなどのような不合理な現象は強い権威を必要とし、これらはみんな幼少期の環境に根ざしていて、その後の発達を左右すると考えられている。だから権威を必要とすることは、その子どもは、無力感を感じていると解釈され、分析医への愛着は転移として解釈されるのである。

　フロムは、転移が実際に起きることや、転移が重要な精神現象であることは認めつつも、無力感は子どもに限らず、人間存在そのものの状態にも根ざしているから、フロイト心理学の解説は限定的す

ぎると考察した。[51] 彼は、無力感は人間の属性全体の特徴であり、実在、歴史、環境、社会すべてに関係すると捉えていた。

彼のこの考えによれば、どのような社会の人々でも、シャーマン、僧侶、王、政治の先導者、父親、教師、教会、信仰、国の政策、制度、組織体など、何でも権威があると信じているものに常に自分たちを結びつけたがる。このような権威は、人々の父親的役割を担い、相手を従わせ、心を占領し、欲望までも満たすから、当然人々に受け入れられ、人々に安心感さえも与えると考えられる。この現象は、フロムの所有の概念とも関連すると考えられ、彼はその概念の中で、人間というものは、貪欲から他者の心を支配することに興味をもつことを示した。

③ 患者の虚偽

従来型精神分析療法の危険性の三番目は、患者が、分析医が苦悩から救済してくれると期待する態度そのものに危険が潜んでいる可能性がある、というものである。いくら患者が内面的に成長したいと願っても、実際は、患者は成長、自立する意志がないのである。フロムは、成長や、何かを達成するには患者自身の努力と意欲が欠かせないことを強調した。[52]

彼の提唱するトランス・セラピューティック・サイコアナリシスは、患者が逃げることなく努力するように動機づける精神分析療法であり、患者自身がゴールへのステップを上り詰められる療法なのである。

④ 感情経験の知性化

第四の危険性は、分析医が患者の症状を診察する前に理論的な想定をあらかじめ用意してしまうことである。そうする中で分析医は自分の理論が正しいことを示そうといろいろ奮闘し、患者は知らぬ間に分析医が下す症状の説明を信じ込まされてしまうというものである。こうした説明というのは、結局、精神分析学理論をもとに構築されたものなのである。

フロイトが催眠状態の患者について、辻褄の合わない剥き出しの感情を発見したことも、患者のことばの解釈も、また、夢や、言い

間違いや、患者の意識や無意識の裏にあるとされるさまざまな態度の一つ一つの解釈もみんな、精神分析というものの観念形態である。そしてそのような観念は徐々に個人の過去を知るための要素として利用されるようになり、結局、この手段は一種のカルトになってしまう、とフロムは考察した。[53]

　分析医はいったんその理論で患者の症状を解釈すると、そこからは主として持論の正当性を示すことに専念する。このような精神分析療法では、どのようにして、なぜ神経症の症状が出てきたかが知的にだけ探究されてしまう。[54] このような知性化の危険性は従来型の精神分析療法だけに限ったことではなく、複雑化した現代社会についても同様のことが言える。各人が日常生活において自身の感情経験に無関心な場合は、個人や環境の問題は一般的に知性を基に処理されてしまうからである。

2 フロムの対話的人道的精神分析療法
（トランス・セラピューティック・サイコアナリシス）

　従来の精神分析を超越したというフロムの療法（トランス・セラピューティック・サイコアナリシス）は、対話的療法を通して患者に自律的な目覚めと自己認識（自覚）を促す。患者は分析医の説明をただ聞いているのではなく、分析医が話すことに反応しなくてはならない。この過程で、患者の内的解放が効果的に成し遂げられ、患者が分析医によって一方的にコントロールされることがなくなるのである。

　フロムの対話的な分析療法には、フロイトが行なった精神分析療法とは異なる重要な特徴がある。それはフロムが、精神分析療法は正しく理解され、実践されれば、人々を救済する非常に大きな可能性がある、と捉えていたことである。彼は新しいスタイルの精神分析法として、自身の療法をトランス・セラピューティック・サイコアナリシス（精神分析を超越した療法）と名づけ、愛する能力、現実に立ち向かう能力、所有よりも、どう存在するか、どう生きるかの能力などの自己認識、自己解放のゴールへ通ずる新しい療法であると確信していた。

　フロイトのリビドー概念は偏見的であると捉えていたフロムは、

性的関心や家族関係を基にした分析法を修正し、人間存在と社会構造を特に重要視したセラピーを開発した。フロムのその療法では、人間を動かす情熱は本能ではなく、社会環境との相互作用で形成される人間の「第二の天性」を意味した。[55]

フロムは、その療法の第一歩として、自己への目覚めや、自己認識、自己解放のために瞑想することを奨励した。[56] 自己分析はとても難しいが、自己認識の準備段階として、まず、禅の修行のように黙って座ること、つまり、ある一定時間（最初は10～15分ほど）リラックスする方法を学ぶように奨励している。[57] このようにフロムは彼独自のセラピーを打ち出したことで、フロイト精神分析法から分岐したのである。

3 精神分析と禅仏教との接点

a) 鈴木大拙との出会い

精神分析理論と禅仏教との間にはどんな関係性があるのだろうか。フロムは、精神分析には心理学のみならず、その他の分野からも思想が導入されて内容が濃くなった可能性がある、と考えていた。彼が最初に禅仏教を知ったのは1926年に遡る。カール・ユングやカレン・ホーナイも当時、禅に興味をもっていた。それから何年も経た後、1957年メキシコ国立大学で開かれた「禅仏教と精神分析学」の学会で、西洋社会に禅仏教を導いた鈴木大拙と出会ったことで、フロムの禅への興味は再燃した。

この学会でフロムは、禅仏教と精神分析学を率直に比較しようとする論説を発表した。大拙の講演は、禅の簡単な修行と、善行奨励、悪行回避、心身の清めなど、七仏通戒偈[58]の実践に焦点を絞ったものだった。仏教でいう「諸悪莫作、衆善奉行、自浄其意、是諸仏教」(「沙石集」4-1) である。それらは、社会問題、情緒の円熟、経験が本物か幻影かの識別規準、そして家族、教育、社会的責任感などを含む内容であった。フロムによれば、鈴木大拙の講演は印象的であったが、抽象的でつかみどころのない概念があまりにも難解だったために、西洋人が禅を理解するのを阻んだほどであったという。

フロムの論説のねらいは、西洋社会に東洋哲学をわかりやすく紹介するとともに、彼自身の複合概念と精神分析法を禅仏教の思想に

統合することであった。

この学会の3年後、フロムは禅仏教についてのみならず精神分析理論とそのゴールについても自身の考えを拡大修正し、1960年には、共著『禅と精神分析』を刊行した。鈴木大拙の「禅仏教に関する講演」、フロムの「精神分析学と禅仏教」、リカルド・デ・マルティーノの「人間の存在状態と禅仏教」の三つの論説であった。

b) 禅思想への傾倒
① 自己への気づき、瞑想
　フロムは禅のどのような点を高く評価したのだろうか。一点目は、精神集中の方法である。自己への気づき、自己認識、自己解放のための瞑想は、前述したように、すべて人間が健全に幸せに生きるために効果があると考えられている。

② 禅のコミュニケーション法
　二点目は、禅におけるコミュニケーションのとり方である。フロムは、言語がかえってコミュニケーションを妨げてしまう弊害や、普段使われる言語表現こそが人間の気持ちを拘束し、ゆがめてしまうことがあるという問題点を指摘した。彼は、修行や瞑想を積んで十分に自己解放された禅僧だけに可能な対話を想定した。
　感情を表現しないコミュニケーションの方法は、言語に頼らないどころか、かえって言語を遮断して、言語を用いる以上に人間を真髄から理解するために行なわれるとされる。それは説明的で論証的であるよりもずっと優れた理解の仕方とされる。この場合、対話や交流は非常に自己解放された心の状態で行なわれ、向かい合うもの同士が感情も観念も丸ごと理解し合えるとされる。
　一般的な表現方法を用いた普通のコミュニケーションでは、人の気持ちも観念も記号（シンボル）として実際のことばに置き換えられ、人はその記号を通して論理的に会話を行なって理解し合う。したがって西洋的視点からは、フロムが目指した対話や交流の仕方は非論理的で、非現実的で、不可解であったはずだ。なぜなら、このような対話は、時として無言のままなされ、実際のことばのやり取りは必要なく、しかもいかなる方式の交流もとらないで行なわれる

ことさえあるからである、つまり瞬時に対話が成立するのである。
　「真の対話」とはどのような対話を言うのか、マルティン・ブーバーの論文「対話について」[59]の中では次のように示されている。「真の対話とは、二者が向かい合い、互いの存在を感じ、積極的に関わり合おうという意志があってはじめて起こるものだ」と。要するに、ことばが用いられようと、無言のままであろうと、それはまったく関係ない、ということである。
　フロムは、対話は無言のままなされるのが一番良いと確信していた。この種の対話は、今日の現代社会でも起こりうる。このような形で対話がなされると、人間であろうと、動物、植物、昆虫であろうと、あらゆる生き物は、その存在の本質を表すとされている。対話的生き方とは「ある個人が関わろうとする相手と互いに作用し合うことである」、「他者とつき合わない一人ぼっちの人を決して一人芝居の中で暮らす人だと決めつけてはいけない」と、ブーバーは語った。
　「一人芝居のように暮らす人」というのは、「相手のいない独り言だけで、実在する他者の誰とも交流できない人」をいうのである。このような人にとって「孤独」とは、単に浮んでは消えてしまうような考え、あるいは幻想に過ぎず、未知の存在に気づくことによって獲得される深い交流など決して意味し得ない。このような人にとって「自然」とは、単なる内的経験や外的知識の目的に過ぎないから、交流のパートナーに成り得るはずの自然の声など決して聞こうとはしない。そして、エゴを捨ててものに接することなどできはしないのである。
　このように、人の交流の仕方で二つの人間の本質の違いがはっきりとしてくる。対話して生きる人は、対話する相手が自分に何を語ってくるのかを感じとり、日常の時間経過の中に自分の答えがあることに気づいている。さらに言えば、途方もなく広く静まり返った山中にたった一人迷い込んだとしても、その人には、いつでも対話する相手がいる。その相手は人間であったり、動物であったり、草木であったり、虫であったり、また時には、風や雨や大地や星でさえもが対話の相手になりうるのである。
　精神力を鍛え、ある意味で、心中の反映として禅師はこの対話を行なう。そしてこれはフロムが禅仏教を称える一つのポイントであ

り、「精神分析を超越した」対話による治療法の設立に至った所以である。フロムの方法では、分析医と患者の両者が対話によって互いに影響し合う。

禅思想における人間相互の理解には共有する基盤以外には何の介在も必要としない。なぜなら、彼らは同じルーツを共有し、同じ軸を共有していて、一個人であるとともに全体（一「いつ」）として存在するからである。一般に、互いが理解し合ったり、メンタル・スペースや社会的条件（たとえば、文化、共同体、規則、活動、役割、しきたり、宗教、戒律、法律、風俗習慣、教育制度、思潮、工業、職業、精神性、宇宙観、自然観など社会が内包するものは何でも）を共有したりするには、そこに介在するものが必要である。社会に住む人々はふつうこれらの媒体によって共通する感覚をもつことで理解し合うと考えられる。

フロムはさらに、個人を理解することはその人「らしさ」を理解することであると述べた。

> 「もしも、人がある他者を心理的にわかろうとするなら、その人は他者の『らしさ』、つまり、その人の全体像、その人らしさをわかるということである。その個人の詳細すべてを含む個人の全体像がない限り、だれもその人を理解し始めることなどできない。もし、人への関心が表面的なレベルからより深く内面へ向かうなら、その関心は必然的に個々のことから全体へと向かっていく。「全体」とは抽象などでもなく、人間の本能的性向のように限定された全体などでもない。それは、まさに人間存在のエッセンス（本質）、『人間の様態』であり、無意識の中身なのである。それは、ユングが考えていたような民族的な継承ではなく、すべての人の存在様態は同一であるという理由ですべての人に共通しているものなのである。」[60]

各人は皆それぞれにユニークであり、一人として同じ人はいないけれど、質において我々は皆同じである。フロムは、再び東洋哲学を用いて「人間の二面性」を強調した。

「東洋的論理の主要な部分である矛盾しているような考え方だけが、完全実在を表現することができる。つまり、人は唯一の個人である。……人の個性は見せかけのものであり、実在はしない。人は『こうであり、ああである』、『こうでもないし、ああでもない』。この矛盾するような事実は、自分自身についてや、他者のユニークな個性を深く知れば知るほど、自身や他者を通して、個々の質とか、位も称号もない単なる禅仏教徒であるとかから解放されて、普遍的実在がよりはっきりと見えてくる。」[61]

③　全人性へのメンタル・プロセス

　前述のように、フロムは、対話的交流を通して内面から人間を全人的に理解することを重要視している。それにより人間は自然との対話が可能になり、自然と一体になることができるのである。フロムは、精神分析学が人間の「健全に生きること」と、一人の人間が自身と自然を完全に体験するにちがいない「健全に生きる状態」を追求していることを再三強調した。人は自然を身近に感じ、自然との調和を回復させなくてはならない。そして、人は絶えず再生を繰り返さなければならない。いったん人がその過程に慣れてしまえば、一つ一つの過程は日常の習慣になり、全人的境地に達すれば、もはやこういった行・行為はいらなくなるのである。

　フロム自身は、至高レベル[62]に達したことは全くなかったと告白しているものの、禅仏教のカルミネーション（至高状態に達すること）は「悟り」の状態であると述べた。[63] そして禅と精神分析の間にはある程度の差異（自覚〔気づき〕と不覚の程度の差異）があることを考慮すべきだとフロムは承知していたものの、禅仏教の至高への到達は、彼が提唱する対話的療法のトランス・セラピューティック・サイコアナリシスの究極の目標や、創造的志向への到達によく似通っている、と語った。[64]

　禅とフロムの精神分析療法は、個人の内面を捉えることをゴールとする点で共通点がある。第一に、人間の内部に蓄積したエネルギーからの解放を追求している点、第二に、人間の精神状態の変化を追求する倫理体系であるという点、第三に、森羅万象や無意識と直接対話することで大宇宙の完全把握を追求している点である。

「『悟り』という究極の経験は、精神分析的洞察のように、本当に稀にしか起こりえないかもしれない。しかし、トランス・セラピューティック・サイコアナリシスを通してならコミュニケーションの感覚を学ぶことができ、それは、鈴木大拙の講話を通して禅仏教を学ぶことができるのと同じである」と、フロムは語った。[65]

　また、彼は、「自己分析」という行為は、日本の「清めの儀式」の一種であるという見解を述べた。[66] それは、人は、エゴの原因を分析することで自分をエゴから解放しようとするからである、と。

　フロムは、禅仏教の知識や興味は、精神分析学の理論にも療法にも明らかに深遠な影響を与えている、と結論づけた。[67] 禅思想は、知性化、権威、エゴの幻想への対処法や、「健全に生きるということ」の目標を力説することで、精神分析の価値を高めたのである。

3 幸福論

　日本人はさまざまな社会問題に当面しているが、それらはパーソナリティの問題に根ざしていることが多い。フロム理論をポストモダニズムと関連させ、日本の社会や文化、人々の生活や思考モード（様態）に、フロム理論と土居の「甘え」概念が適用できるポイントを探っていく。

　フロムと土居が述べたように、少し前の時代には、各人が社会での役割を担って、「あるべきところに落ち着いている」という日常であった。機械化が進み、社会経済が大きく発展した資本主義社会では、女性の社会的地位が向上したり、システム化された社会に組み込まれたりしている。個々人が立ち止まって、自身の存在、生き方、思考を内観し、人間の志向について留意し、将来、個人一人ひとりが所有志向や受身的志向から、「健全に幸福に生きるということ」へ脱皮するための「自律」を促すことが必要である。つまりフロムが提唱したように、誰もが、人間性と人間現象を捉えるために、小宇宙的視野と大宇宙的視野を兼備することが重要である。

　今より少し幸福に健全に生きるために、フロムの提案する次のヒントを検討するのもよいかもしれない。

1 父権社会にいることを知る

a) 家母長制社会を再評価してみる

現代社会にフロム思想を応用するポイントの一つとして、権威の問題が挙げられる。バッハオーフェンの母権理論に感化されたフロムは、母権社会制度の利点を現代社会においても再認識し、応用することを推奨した。その理論によれば、現代社会は高度に発達した父権社会であり、社会に進出した女性たちは男性に対抗し、同等の立場を獲得するために戦わなければならず、これが女性解放運動のはじまりであった。

フロムは1971年のラジオ・インタビューで、女性革命、解放運動について次のように言及した。「女性はかつてモノとしてしか扱われず、男性の所有物であった。ところが、一旦社会で立場を獲得すると、男性と同じように人間であることを自覚し、自己認識をもつようになり、本質的に己を確立できるようになったのである」[68]と。

男女の性的役割や社会的役割を考慮することは、社会権力にまつわる問題の解決につながる可能性がある。この点で、フロムの家母長制社会や家族の役割の再評価はその解決に一役買うと考えられる。家族の役割、権威、社会制度についてのフロムの研究は、ユダヤ精神に基づき、「社会」と「自然」に配慮されている。

b) 良心とは

二つ目は、人間の良心と社会形態の関係性ついてのフロムの視点である。西洋の諸宗教は父権社会の宗教である、と彼は言った。旧約聖書では神は、人民が従わざるをえない偉大な権威者として現れる。しかし、仏教は神権とは無縁である。この点が西洋諸宗教と仏教の大きな違いである。[69] この相違点からフロムは、権威的良心と人道的良心という二種類の概念があることに言及した。

権威的良心という概念は、人間の無意識の心の動きであり、内面化した父権であると言われる。したがって、このタイプの良心はフロイト諸理論からもわかるように、父権社会と深く関わっていると考えられる。前述のように、フロイトは父権性の濃い家庭出身であり、患者のほとんどが低中層階級者であった。したがってフロイトの見解では、人間の無意識の中にあるとされるスーパーエゴ（超自

我）は、人に何をすべきか、何をすべきでないかを囁く良心の役割をする「内なる声」あるいは「心の中のジャッジのようなもの」であると解釈されている。父権社会では父親が命令や禁制を発すると考えられているので、この解釈は父親の命令や禁制と何らかの関係があるのだろう。

一方、父権社会に見られる権威的良心に対して、フロムは非父権社会に見られる別のタイプの人道的良心を主張した。フロムによれば、人道的良心は人間自身に根ざしていて、善いこと、将来有益になることを知らしめる心の声である。その声はとても小さく、時に、その声を聞くことが難しいとされるが、多くの物理学者や心理学者が人道的良心のようなものを認めているという。それは善悪の判断力である直観として知られている。人がこの声を聞けば、世間一般でいう権威に身を委ねる必要はなくなる。内なる声が、肉体的にも、精神的にも我々自身の中に存在するゴール（究極の目標）へと本人を導き、その進路を示してくれるのである。

またフロムは、現代人は社会的権威に身を委ねやすく、しかも、その権威に支配されることに慣れてしまっているので、誰も自分たちが腑抜けにされていることに気づいていない、という点を指摘した。「人は権威的良心の危険性に気をつけなければいけない。なぜならそれは無意識のうちに人の心を支配し、外界の権威に従うように働きかけてくるからである。いったん外界の権威が心の中に権威的良心の形で内面化されると、その権威は人の心の中に一種のバリアをつくり、その人がそのバリアを越えようとすると罪悪感に襲われ、社会の命令に従わざるをえなくなるのである。したがって、人がゴールに達するためには、心の中の人道的良心の声に耳を傾け、外界の権威には絶対に屈服してはならない」と警鐘を鳴らした。

c) 権威に抵抗すること

ポストモダニズムに関連するフロム思想の三つ目のポイントは、つくられた権威への抵抗である。この種の抵抗は、権力に関わる人だけでなく、服従が美徳とされ、非服従が罪とされる父権社会の原理やそのモラルにも当てはまる。その状況下では、人は自分の意志や良心や人間性から行動することなく、権力者からの命令に従って

いる限り罰せられることはない。

フロムは世間の道徳性に反抗する若者の例を取り上げ[70]「この若者たちの最たる特徴は、彼らが権威主義的道徳に基づく罪悪感から解放されているという事実である」と語った。また、「この若者たちは2000年もの間、ユダヤ教やキリスト教が人間を縛りつけていた罪悪感との関係を断ち切り、新しい道徳原理を追い求める道を切り開いたのである」とも加えた。

この若者たちに注目すべきもう一つの点は、彼らがブルジョア社会と父権社会に根ざす不実から脱出した、という点である。フロムが言った「不実」というのは、罪悪感を隠すことであり、徳のある人になりすまして姿を変えていることである。さらにフロムは、その若者たちが自分の本性を認識すること、つまり良い面も悪い面も持ち合わせた偽りのないありのままの自身を自覚していることの重要性にも言及した。

d) 内なる気づき

さまざまなフロムの主張からもわかるように、フロム思想は首尾一貫して、環境とのつながりの中で個々人が「内面的に目覚めること」に重きを置いた。人が完全に目覚め、現実に気づき、意識し、日常生活の中で自分を活性化し、達成能力を高めるために取るべき重要な手段が著書『よりよく生きるということ』の中で力説されている。「集中すべき一つのことを選択し、内面の不屈の主張に気づき、大衆動向に左右されず、服従の小さな徴候にも疑念を抱き、影に何が隠されているかを意識するようになるためには、あらゆることにおいて批判的で詮索的な視野をもつべきだ」と示唆した。これらはすべて、「自主性をもつことの大切さ」を主張するものである。以下は「疑う」ということに関しての彼の発言である。

　もう一つの重要な態度は大いに疑うことだ。我々が耳にするほとんどは、明らかに虚偽か、半分本当で半分は歪められたものである。そしてまた、我々が新聞で目にするほとんどは間違った解釈が事実として伝えられたものだから、耳にし、目にするものは、虚言か偽りであるらしいと疑ってかかるのが得策である。もし私

のこの発言が容赦なく聞こえ、皮肉っぽく聞こえるなら、こうつけ加えておこう。大げさに言うつもりはないが、私が今述べたことの方が、皆が真実を言っていると信じるよりも、ずっと健全であると強調したい。[71]

既述したが、集中する一策としてフロムが提唱したのは、日に10分ほどの静座の勧めであった。[72] それは、自分の思考や感覚、今取り組んでいること、誰かに気持ちを集中させることである。他者に集中できなければ、人間関係の欠如からさまざまな社会問題を引き起こす原因にもなり、人間関係を表面的なものにしてしまう危険性がある。したがって彼は、生活する中での個人的なトラブル回避と同時に、他者の本性を掴む努力を勧めた。[73]

また、別の例では、自らをくつろぎへと誘導する方法と、仏教における瞑想という二種類のメディテイション（瞑想）を奨励した。一番目の方法は自己暗示によるもので、このテクニックを、彼は自己生産トレーニング（一般的にはリラクセーションとして行なわれている方法である）と呼んだ。[74] 二番目の瞑想は仏教の修行で、強欲、嫌悪、無知、執着、幻想を断って、より高いレベルの生き方に達することを目的に行なうものであり、簡単で、非神秘的、非暗示的な瞑想法である。[75]

消費本位、所有本位の世俗社会では、人々は内面的にも外面的にもさまざまな軋轢や問題に直面している。これらを解消するために各人が自己認識、自覚、心的・知的・身体的パワーの再発見、判断力をもつことだ、とフロムは強調した。[76] これらの強調点はみんな、彼の「内的目覚め」の概念に基づくものであり、将来、個々人が自己決定、自己認識を可能にするための道を切り開くものである。こういった「内なる気づき」の概念は、社会、環境、自然の問題と大きく関わり、人間の本質的な課題であると言える。

e) ブレイク・スルー

フロムが、人生のゴールを得るのに、現在の物質主義的環境の中で個人が「健全に幸せに生きる」ために必要な具体的ステップを三つ挙げたことは第三章［3｜目覚め］の項で既述した。第一に、自

己のナルシシズムを克服すること、第二に、自己のエゴティズムや身勝手を克服すること、そして第三に、他者や外界に関わることの三つであった。

自身のナルシシズムを克服することは、世の中で他者と関わることを可能にする。一旦ナルシシズムを脱すれば、現実として他者の存在を感じ取ることができるようになる。「自他共にナルシシズムを認めるのはなかなか難しいけれども、自己達成のために脱し、克服しなければならない」とフロムは主張した。[77]

エゴティズムやわがままを克服すると、"mode of having"「所有志向」に気づくという。しかし、たとえナルシシズムを克服できて、現実を的確に知覚できるとしても、連帯感、協調、愛情、共有、分かち合いまではなかなか進まず、関わりや興味がなかなかもてないようだ。というのも、やはり自分の持ち物には強い愛着があり、持ち続けることを望むからだろう。

この課題では、自分のわがまま、所有志向、無力感、他者への猜疑心、恐怖感、人生への漠然とした恐れなど、さまざまな心の状態を自覚することが必要なのである。フロムは、「健全に生きる」状態に達することを奨励すると同時に、一旦わがままの壁を乗り越え、他者と連帯感を共有できたら、各自が他者との関係を築くべきであると忠告している。「これらのステップを達成したなら、誰もが内面から湧き出る真の歓びを経験でき、自己に強さを感じることができる」と。[78]

2 フロムの対話的人道的精神分析療法

第三章で既述したように、フロムが開発した対話的で人道的な精神分析療法は自己認識（気づき）/自覚に重きを置いている。彼は1960年刊行の『禅と精神分析』で人生の究極の目標について語り、禅の説法と、彼自身が抱く精神分析療法の理想的概念の類似性を力説した。その類似性というのは自律志向、つまり、自主性、自己認識（気づき）、自己解放、そして健全に生きることであった。

この精神分析療法は、人が孤立するのを防ぎ、セラピストとの対話的交流を通して自己に目覚め、自覚する機会を与えるために企画された。患者は、話し、考え、耳を傾け、返答しなくてはならない

から、他者と積極的な態度で対話できるようになるのである。したがって、その人は、愛すること、批判的になること、「所有」よりも「存在」志向になることが可能になるとされている。

フロムは禅仏教への興味から、対話的人道的精神分析療法の効用と禅の瞑想とを関連づけようとした。また、前述したように、正統派ユダヤ教からの影響を基盤とした「らしさ」という表現で他者を理解することについても語り、禅による人間理解の方法とフロム自身がもつ相互的人間関係の概念とを結びつけようとした。

3 「甘え」と「愛」

土居の提唱したよい「甘え」のコンセプトも、フロムのいう母親の絶対的愛情のコンセプトも、「他者のありのままの感情を受け入れること」や、「他者と相互的な関わりをもつこと」に関連している。

「甘え」ということばは「甘い」という形容詞からきており、乳児が抱く母親の甘い母乳への思慕のようなものと関係していると言う。土居は、「甘え」という語や意味は、「甘え」が日本の社会構造に体系化されていることや、「甘え」が日本社会の特徴を反映していることを示している、と述べた。また、そのような社会では子どもが親に依存することが助長される、とも述べた。

日本人にとって、無力感や無能感は人間存在の不可欠の要素になっていて、それらの概念を取り除いてしまうと人間性が成り立たない。この虚弱感や苦痛感こそが日本人に情愛や思いやりを生み出しているとも言わる。それは仏教の影響下で養われ育まれたものだとされると、土居は語った。[79]

a) 絶対的愛情

このような背景の中でよい「甘え」は確実にいくつかのメリットをもたらした。土居は、子どもの両親への愛着と、両親がそれを受け入れることを重要視している。[80] 要するに、「甘え」は子どもの成長には極めて重要で、それなくしては人間の心（知性・知能）の発達はうまくいかない。もし「甘え」に伴う感情が何かの理由で拒否されたり、抑えられたりすると、心が傷つけられる、と主張した。[81]

子どもの成長過程において、誰か、たとえば家族、を信頼すると

いう基本的な感情は、子どもが将来築く人間関係の感覚の基盤となる。子どもの性質、人格、行動が常に無条件の愛情で受け入れられていると、その子は自分の中にホームベース、つまり人格の核を築くことができ、自信を持つことができる。その結果、その子は将来、家族環境以外にもそのような関係を広げていくことができるというのである。

これに関して、土居は「落ち着く」という語が「甘え」から派生したものだと言及し、「落ち着く」という状態が「甘え」感情を土台にしていると考察した。[82] 人が、落ち着けて、安全に守られていて、心地よく感じることができるような親密な関係の誰かに完全に受け入れられるという意味であり、もともとは、乳児が母親の胸に抱かれている状態のことである。「母親に甘えることのできる乳児は、落ち着くこと、平静でいること、冷静でいること、気持ちよくいられることを学ぶことができる。それこそが、母子が共有する互いの信頼感によって得られる『甘え』である」と。[83]

この状況は、日本の子どもの発達過程だけに限ったことではなく、西欧の子どもにも見られる、と彼は語っている。我々が誰かのことを「あの人は落ち着いていて冷静だ」という場合、その人は精神的に満足していて、心の休まる穏やかな人で、落ち着きがあって、平静で、他者からよく受け入れられていて、人と仲良くいい関係をもつ人を指している。さらに、このような人は上述したような感情をいつでもどこでも保っていられる人であると言うことができる。そのような人はたとえ現実にリラックスできる場をもっていなくても、心の拠り所をもっているのである。

フロムにおいても、現代社会に比べて中世社会では、人民の階級や職種により個人の自由の束縛はあったものの、「自分たちのあるべきところに落ち着いている」という感覚をもち、それなりの立場が保障されていて、比較的満足して暮らしていたと推測している。

したがって、このようなよい「甘え」の感覚に、フロムが重視した「絆」の概念をそのまま当てはめることができる。人間関係の強い絆は個々人に安心感を与え、母権社会の利点をもたらすことも可能であると考えられる。

b)「甘え」の重要性

土居は臨床療法のメリットを強調した。[84]「甘え」を正しく評価認識することは、人間関係で問題を抱える患者への精神分析療法には不可欠である。なぜなら、その患者たちは、無力感を感じているため、最初はセラピストに無条件に受け入れてもらい、力を貸してもらうことが必要だからである。この方法は、フロムの開発したトランス・セラピューティック・サイコアナリシスの基本的趣旨と同じである。

ところが、西欧文化圏では精神的に独立していることが高く評価されている。日本でも明治維新以来、特に第二次大戦後は、大都会に住む人々の間には西欧化が広がり、率直で自然発生的な「甘え」感情が病理現象として捉えられるようになり、「甘え」が否定されがちになった。土居は、臨床療法や、患者に対する分析医の態度や考え方が、少なくともアメリカでは、患者の無力感を増長する傾向にある、と指摘した。[85] これは、患者が無力感から解放されたいがために助けを求めて分析医を訪ねるのに、一般的な心理療法の診察では患者自身が無力感や不安感や恐怖感などを克服することが要求され、確固たる独立精神が求められるからである。したがって、患者たちは、グレゴリー・ベイトソン[86] 曰く「二重苦」という救いようのない立場に突き落とされてしまうというのである。欧米では、患者も、分析医も独立心を重んじる文化に浸っているので、誰かを頼りたいと思っている患者の気持ちがわからないのである。土居の見解では、人が幼児性から抜け出して独立心をもとうとすればするほど、無力感を拭い去らなければならないのである。[87]

この見解から土居は、心理療法の重要な作業は患者が自分自身で立ち上がれるように手を貸すことで、このプロセスを通してのみ、患者は「二重苦」から解放される、と力説した。そして、こうした患者の病的な甘え心理の問題を精神分析する資格がある分析医とは、患者の無力感をありのままに受け入れ、患者を否定したり、自分の考えや感じ方を患者に押しつけたりしない分析医のことである、と言及した。[88]

以上のように、サイコセラピーに対する土居の見解は、患者の自律、分析医本位ではない療法という点で、フロムの提唱する対話的

人道的精神分析療法と力点が一致している。ここで土居とフロムが一般的な治療法に潜む危険性についても同じような見解をもったことに触れておこう。

土居は、人格的な問題に病む患者は、誰かに、あるいは何かに依存したいという願望を抱いているが、その願望は病状の影に隠れて表面化しない、と述べた。[89] フロムも、どのような社会でも人々は常に権威をもつ何かに傾倒する傾向がある、と指摘している。基本的に人々は誰か/何かに結びつきたい、誰か/何かを信頼したい、誰か/何かに依存したい、という内面化した志向があるから、その気持ちや願望がありのままに受け入れられなければ、その人たちは孤立感や疎外感を感じ、その結果、無気力に、恐がりに、不安になるのだ、と述べた。これが患者の人格や行動に支障をきたすメカニズムである。

土居は、患者の無力感や依存状態は、セラピーが始まった時点で分析医によって気づかれるべきであると強調した。内面化した依存したい気持ち、「甘え」感情に患者自身も分析医も気づくことが、その後のセラピーを通して患者が自身の問題に内面的にも外面的にも上手く対処できるようになる方法だということを強調したのである。[90]

c) 優しさと連帯感

よい「甘え」のもう一つのメリット、つまり極端でない依存心は、ギクシャクした人間関係をほんのちょっと滑らかにするという重要な効果がある。日本人はかつて自分たちが属するコミュニティや社会への帰属意識が強かった。そして、家族内や社会での自分の役割というものを優先し、自分自身のことは二の次に置いていた。父親としての、母親としての、男性としての、女性としての個々の役割というものが社会全体の中で規則正しく機能しており、人間同士の強い関係と結びつきが形づくられていた。これは、ユダヤ人社会の強い結束性とも共通するであろうか。

なぜ日本人が集団意識に興味を引かれるか、考えられる理由として、第一に、米作りの農作業においてずっと昔からの農耕文化に深い関係があるのではないかということである。米作りでは、同じ地

域に住む人々が集団で互いに協力し連携し合って作業に当たる必要があり、同じ地域の人々が、種まきから稲刈りまで季節ごとの作業を共同で行なうため、結束が強くなる、という理由である。また、自分の田畑に水を引くためや、農薬散布のために相互間でシステム作りが必要になるからだとも言われている。[91] したがって、このような共同作業すべてが人々に地元の農業共同体への帰属意識を植えつけるのである。さらに言えば、この点が大地崇拝にもとづく母権社会に関係する。農耕社会や共同体は、あらゆるものの生地である「母なる大地」と深い関係があるとされるからである。

ほかにも日本人の集団意識で考えられることは、中国から渡来した儒教や仏教からや、日本古来の神道からの影響と関係しているといえそうだ。これらは「武士道」という形で体系化され、母系・血縁あるいは一族の同族意識に重きを置いていることから、日本人の帰属意識の形成に影響を与えた可能性があると考えられる。[92]

「武士道」におけるこのような特徴は侍魂を洗練し、手本になるふるまいの原点になっている。新渡戸稲造[93]は『武士道』の中で、「仏教は己の運命を受け入れること、やむを得ないことに屈服すること、心の平静を保つことをもたらした」と述べた。殊に禅仏教は、瞑想、言語を超越した理解、絶対的信頼感、宇宙と自己との調和、そして目覚め（感情を呼び覚ます）という概念によって日本人に多大な影響を与えたのである。儒教は、君主と家来、父子、夫婦、老若、朋友の人間関係に影響を与えた。神道は封臣の君主への忠誠心や夫婦関係、老若間の人間関係、友人同士の信頼観、愛国心などに重きを置いた。このような一つ一つの要因が同じ社会に住む人々を互いに強く結びつける働きをしていたと考えられる。

強い集団意識に関しては、今日でもなお、ビジネスマンの会社への帰属意識を無視することはできないだろう。彼らは、給料をもらうだけではなく、社内の福祉サービス、健康保険など勤続年数や年功序列、学閥などにより、多くの特権が与えられている。

このような状況を、フロムが、個人同士や、個人と社会を結びつける役割をセメントにたとえて表現したのは興味深い。このように個人間を強く結びつけるセメントがあることによって、人々は互いに他者を同志としてみなすようになることがあるし、その結果、人々

は何よりも自分自身がその社会のメンバーであることを認識できるのである。

現に、ビジネスマンは自分の名前より社名が優先されることが間々ある。このような状況では「甘え」が容易に起こりやすい。社員たちは自分の考えを前面に出して他者と対立するより、他者と同じでありたがり、同一化の過程でつくり上げられた社会的慣習や規範に従って行動しがちである。小ぢんまりした緊密な地域社会では、誰もが皆の顔を知っているから、「甘え」は当然相互の信頼感として育まれ、他者の善意の確証として受け入れられている。このような場合、皆が同じ目的に向かっているので、上に立つものは、集団全体を従えやすいのである。しかし集団の一人ひとりは、「甘え」の背後には、サディズムやマゾヒズムのメカニズムが存在するという事実に気づかなくてはいけない。それが全体主義に変容する可能性も秘めているからである。

土居は、「甘え」はアンビバレンス（両面性）であるけれども、「甘え」と集団意識との関係に関する限りでは、むしろ、「甘え」が人間相互の関係を好ましい状態に保っており、「甘え」のメリットと言えるだろう、と語った。

d) 国際化の問題

集団意識感をもった人々が互いに信頼感をもって密接な関係にあることは、その社会が存続するためにとても重要である。これに加え、現代社会では国際的視野を養うことも同時に重要である。個々人は自分たちが属する社会と密接に結ばれているという感覚をあたりまえに持っている。その一方で人々は、他の社会の価値観、考え方、思潮、信仰、歴史、社会、生活習慣などをも理解して、未知だった人を受け入れることも必要である。

誰もが顔見知りで、親密さや社会通念によって共同体の雰囲気ができあがっている小規模共同体では、個人がその集団外の人々と交わることは稀かもしれない。その集団の雰囲気が、エージェントとなり、セメントとなり、フロムがドイツ語で表現した「キット」としての接着機能を果たし、人々を結びつけて結束を維持している。こういった親密な状況では「甘え」が存在するために外部の人は表

面的にしか受け入れられない。なぜなら、狭い社会に住む人たちは、いままでずっとやってきたことをひたすら繰り返せばよいだけの生活なので、外部の世界と親密になる必要性がないのである。

しかし、そのような親密な社会で得た人々の依存心、信頼感、他者への思いやりを基盤として、外界に対して視野を広げ、良好な国際的関係への道を開かなければならない。国際的課題の解決に直面する昨今、自分たちの殻を破り、保守性を緩和し、異文化を習得し理解することのリスクを覚悟することが世界中のどの人々にも求められていることなのであろう。

日本人が、「甘え」に基づく親近感や、「甘え」に対する文化的な受け取り方の違いに気づくことは重要である。他国の視点からは、「甘え」感情は不合理な要求であり、節度を欠いた依存心に思えるかもしれない。日本人としてこの差異を認識することは、経済的、政治的、思想的、文化的、社会的なさまざまな場面での国際関係を理解する上で大きな一助になるだろう。

同時に、人間なら根本的に同じ欲望をもっていることや、よい「甘え」感情が国際関係をよりスムーズにする可能性を秘めていることを、他国の一人ひとりも認識してほしいと願う。このことが、土居が示した自然発生的なよい「甘え」の概念とフロムの「愛の概念」とが一致する点だと考えている。

■注

1) Fromm. *Escape from Freedom*, p.40.
2) 同書. p.x, まえがき.
3) Fromm. *The Sane Society*, pp.124-125.
4) 同書. p.125.
5) Fromm. *Escape from Freedom*, p.17.
6) 同書. pp.140-142.
7) Fromm. *The Sane Society*, p.143.
8) Fromm. *Escape from Freedom*, p.143.
9) 同書. p.143.
10) 同書. pp.143-144.
11) 同書. p.144.

12) Fromm. *Escape from Freedom*. pp.155-156.
13) 同書。p.156.
14) 同書。pp.156-157.
15) 同書。p.159.
16) 同書。p.157.
17) 同書。p.163.
18) 同書。pp.164-165.
19) 同書。p.184.
20) 同書。p.184.
21) 同書。p.192.
22) 同書。pp.192-193.
23) 同書。p.197.
24) 同書。pp.199-202.
25) 同書。p.204.
26) 土居健郎『続・甘えの構造』p.109.
27) 同書。p.115.
28) 同書。p.118.
29) 同書。p.124.
30) 同書。pp.131-132.
31) 同書。p.134.
32) 同書。p.135.
33) Fromm. *Escape from Freedom*, p.143.
34) 同書。p.143.
35) 同書。p.145.
36) 同書。pp.156-157.
37) 土居『甘え理論の展開』pp.280-281;『続・甘えの構造』p.109.
38) 同2書。pp.280-281; pp.102-108.
39) 同2書。pp.280-281; p.95.
40) 土居『甘え理論の展開』p.298.
41) 土居『甘えの構造』/ 英訳 *The Anatomy of Dependence*, p.107.
42) 土居『続・甘えの構造』p.93.
43) 土居『甘え理論の展開』pp.275-286.
44) 土居 / 英訳 *The Anatomy of Dependence*, p.150.
45) 同書。p.130.
46) 同書。p.132.
47) 同書。p.132.
48) 同書。p.139.

49) Fromm. *The Art of Being*, pp.55-56.
50) 同書。p.56.
51) 同書。p.59.
52) 同書。p.62.
53) 同書。p.62.
54) 同書。p.63.
55) 同書。p.64.
56) 同書。p.68.
57) 同書。pp.69-70.
58) 仏教の教えを一偈に要約したもの。
59) Martin Buber / 邦訳：田口義弘 『我と汝、対話』
60) Fromm / ed. Funk. *The Art of Being*, p.83.
61) 同書。p.84.
62) Cf. マスロー（Maslow, Abraham H.）の至高経験（peak experience）の本質は、人間内部のにおける統合、したがってその人間と世界の間の統合ということでもある。この境地では、宇宙全体が統合され統一された全体として知覚される。宇宙全体は一つのものであり、人間にとって宇宙の中にその位置を有するという明瞭な知覚をもつことは魂を揺さぶる経験である。そしてそれ以後永久にその人の性格と世界観が一変することがあるとされる。*Religions, Values and Peak-Experiences*（1964年）、邦訳『創造的人間：宗教　価値　至高経験』p.79, p.169.
63) "Psychoanalysis and Zen Buddhism", *Zen Buddhism and Psychoanalysis* / 邦訳『禅と精神分析』pp.246-247.
64) Fromm / ed. Funk. *The Art of Being*, p.64.
65) "Psychoanalysis and Zen Buddhism", *Zen Buddhism and Psychoanalysis* / 邦訳 p.224.
66) 同書。邦訳 p.83.
67) 同書。邦訳 p.246.
68) Fromm / Schultz. *Über die Liebe zum Leben* / 邦訳『人生と愛』p.45.
69) 同書。邦訳 p.41.
70) 同書。邦訳 p.57.
71) Fromm / ed. Funk. *The Art of Being*, p.44.
72) 同書。p.49.
73) 同書。p.48.
74) 同書。p.50.
75) 同書。p.50.
76) 同書。pp.117-120.

77) Fromm / ed. Funk. *The Art of Being*, pp.117-118.
78) 同書。p.118.
79) 土居『続・甘えの構造』p.169.
80) 同書。p.166.
81) 土居『甘えの構造』p.xiv.
82) 同書。pp.111-112.
83) 同書。p.112.
84) 土居『続・甘えの構造』p.178.
85) 同書。p.178.
86) Gregory Bateson（1904-1980）：イギリスの文化人類学者で、コミュニケーション理論と精神分裂病（現名、統合失調症）を研究。二重苦とは二つの微妙に違った指示に従おうとする難しい状況は精神分裂病に影響を及ぼすと推測されている。Cf. 土居 同書。p.183, note (5)
87) 同書。p.175.
88) 同書。p.181.
89) 同書。p.179.
90) 同書。p.180.
91) 嶋田義仁『稲作文化の世界観：古事記（神代神話を読む）』
92) 新渡戸稲造 *The Soul of Japan* / 邦訳 佐藤全弘『武士道』pp.51-56.
93) 新渡戸稲造（1862-1933）：岩手県盛岡市出身。札幌農学校（現在の北海道大学）の二期生として入学。同期に内村鑑三（宗教家）、宮部金吾（植物学者）、廣井勇（土木技術者）がいる。東京大学進学後、自費でジョンズ・ホプキンス大学に入学し、クエーカーの正会員となり、そこで妻となるメリー・エルキントンと出会った。札幌農学校教授、第一高等学校校長、東京殖民貿易学校長、東京帝国大学教授、拓殖大学学監、東京女子大学学長を歴任。農学者、教育者。国際連盟事務次長を務め、日本銀行発行５千円札の肖像にもなっている。英文で書かれた『武士道』は名著として知られ、他にも『農業本論』など多数の著作を残した。

エーリッヒ・フロム　略歴

　エーリッヒ・フロムは、ドイツ生まれのアメリカの社会心理学者、心理学者、精神分析者、人道的思想家、社会学者であり、フランクフルト学派の一員であった。精神分析医ではなかったが、分析家になるための研修を受け、独自の精神分析療法を開発、実践した。ここでは、生誕、経歴、著作などフロムの略歴を簡単にまとめた。

■略歴

　エーリッヒ・ピンチャス・フロム / エーリッヒ・ゼーリッヒマン・フロムは、1900年3月23日にドイツ、マイン地方フランクフルト市の正統派ユダヤ教徒の家庭に一人息子として誕生した。フロムの家系は昔からラビやタルムード学者を輩出していた。

　父ナフタリ・フロムと母ローザはともにユダヤ律法学者の家系の出身であったため、フロムは家庭でも、また母方のおじルードヴィッヒ・クラウスからも旧約聖書やタルムードの教育を受けて育った。曽祖父が南部ドイツでユダヤ正教信徒を率いるヴュルツブルクの法律家であったことや、祖父もバート・ホンブルクのラビで、後にはフランクフルトでヴィル・カール・フォン・ロトシット男爵のラビに抜擢されたことから、フロムは13歳になるやユダヤ教礼拝堂でラビのヤコブ・ホロヴィッツ指導の下にタルムードを集中的に学んだ。

1918年：フランクフルト大学にて法学を専攻
1919年夏期：ハイデルベルク大学でアルフレッド・ウェーバー(社会学者として著名なマックス・ウェーバーの弟)、カール・ヤスパース、ハインリッヒ・リッケルトの下での社会学専攻に専門を転換
1920～25年：ハイデルベルク大学ではロシア生まれのタルムード教師ラビンコフから影響を強く受ける
1922年：ハイデルベルク大学において博士論文『ユダヤ律法：離散ユダヤ人の社会学への一貢献』により博士号を取得
1923年：ベルリン精神分析研究所において研修。フロイト理論の強い影響を受ける
1924年：フリーダ・ライヒマンとともにハイデルベルクで精神分析療養所を開設し、精神分析者になるため研修

1926年：精神分析療法で患者の治療開始
1926年：フリーダ・ライヒマンと結婚
1926〜29年：ミュンヘン大学にてヴィルヘルム・ヴィッテンヴェルクの下、心理学と精神医学を学ぶ、フランクフルトにてフロイトの弟子カール・ランダウアーに師事
1929〜30年：ベルリン精神分析研究所にて理論的、実践的精神分析学を修学
1930年：ベルリンにて開業
　　　　マックス・ホルクハイマーによりフランクフルト社会研究所研究員に招聘
1933年：カレン・ホーナイからの招聘によりシカゴの精神分析研究所に移籍
1934年：ナチス政権により閉鎖となった（フランクフルト）社会研究所がアメリカ、ニューヨーク市のコロンビア大学付属機関として再建
1935〜39年：コロンビア大学客員教授、社会研究所に在籍
1937年：研究所を離職
1940年：アメリカ国籍を取得
1941〜49年：バーモント州ベニントン・カレッジに在籍
1943年：トンプソンやサリバンらと精神医学・精神分析学・心理学研究のウィリアム・アランソン・ホワイト研究所を共同設立
1946〜50年：同研究所所長
1944年：ヘニー・ガーランドと再婚（フリーダ・フロム・ライヒマンとはすでに離婚）
1945〜47年：ミシガン大学心理学教授
1948〜49年：イェール大学客員教授
1948年：ニューヨーク大学精神分析学非常勤講師
1949年：妻の関節炎療養のためメキシコに移住、
　　　　メキシコ国立大学医学部で精神分析学の教授に就任
1952年：二番目の妻ヘニー・ガーランド死去
1953年：三番目の妻となるアニス・フリーマンと再々婚
1957〜61年：ミシガン州立大学にて心理学教授を兼任
1962年以降：ニューヨーク大学文理学部大学院にて心理学の非常勤教授兼任
1965年：メキシコ国立大学退職

1974年：スイスに移住
1980年：80歳の誕生日の5日前に自宅にて死去

■著作

1925: *Das jüdische Gesetz*. Ein Beitrag zur Soziologie des Diasporajudentums. Doctoral dissertation, University of Heidelberg, Typescript.

1927: "Der Sabbath". *Imago*. Zeitschrift für Anwendung der Psychoanalyse auf die Natur-und Geisteswissenschaften 13: 223-234.

1928/29: "Psychoanalyse und Soziologie", *Zeitschrift für psychoanalytische Pädagogik* 3: 269f.

1930: "Die Entwicklung des Christusdogmas. Eine psychoanlytische Studie zur sozialpsychologischen Funktion der Religion". *Imago. Zeitschrift für Anwendung der Psychoanalyse auf die Natur-und Geisteswissenschaften* 16: 305-373.
邦訳（谷口隆之介）「キリスト論教義の変遷」、『革命的人間』　東京創元社に収録

1931: "Politik und Psychoanalyse". *Psychoanalystische Bewegung* 3: 440-447.

1932: "Die pschoanalytische Charakterologie und ihre Bedeutung für die Sozialpsychologie". *Zeitschrift für Sozialforschung* I: 253-277.
邦訳（岡部慶三）「精神分析的性格学とその社会心理学との関係」、『精神分析の危機』東京創元社に収録

1932: "Über Methode und Aufgabe einer analytischen Sozialpsychologie". *Zeitschrift für Sozialforschung* I: 28-54.
邦訳（岡部慶三）「分析的社会心理学の方法と課題」、『精神分析の危機』東京創元社に収録

1933: "Robert Briffaults Werk über das Mutterrecht". *Zeitschrift für Sozialforschung* 2: 382-387.
邦訳（安田一郎）「ロバート・ブリフォルトの母権についての著作」、『権威と家族』青土社に収録

1934: "Die sozialpsychologische Bedeutung der Mutterrechtstheorie". *Zeitschrift für Sozialforschung* 3: 196-227.
邦訳（岡部慶三）「母権理論とその社会心理学との関連」、『精神分析の危機』東京創元社に収録

1935: "Die gesellschaftliche Bedingtheit der psychoanalytischen Theorie". *Zeitschrift für Sozialforschung* 4: 365-397.

邦訳（安田一郎）「精神分析療法の社会的制約性」、『権威と家族』青土社に収録

1936: *Forschungsberichte aus dem Institut für Sozialforschung*, 1. Abteilung: *Theoretische Entwürfe über Autorität und Familie*. Paris: Félix Alcan, pp. 77-135.

邦訳（安田一郎）「精神分析療法の社会的制約性」、『権威と家族』青土社に収録

1937: "Zum Gefühl der Ohnmacht". *Zeitschrift für Sozialforschung* 6: 95-118.
邦訳（安田一郎）「無力の感情」、『権威と家族』青土社に収録

1937: "Die Determiniertheit der psychischen Struktur durch die Gesellschaft zur Methode und Aufgabe einer Analytischen Sozialpsychologie". / "A Contribution to the Method and Purpose of an Analytical Social Psycology",（英部分訳）

1939: "Selfishness and Self-Love". *Psychiatry* 2: 507-523.

1941: *Escape from Freedom*, Farrar & Rinehart, New York:.
邦訳（日高六郎）『自由からの逃走』東京創元社

1942: "Faith as a Character Trait". *Psychiatry* 5: 307-319.

1942: "Should we Hate Hitler?". *Journal of Home Economics* 34: 220-223.

1944: "Individual and Social Origins of Neurosis". *American Sociological Review* 9: 380-384.
邦訳（安田一郎）「神経症の個人的起源と社会的起源」、『権威と家族』青土社に収録

1949: "The Oedipus Complex and the Oedipus Myth". In: Ruth Nanda Anshen, ed. *The Family: Its Functions and Destiny*. New York: Harper & Bros.（Identical to "Oedipus Myth". *Scientific American* 18: 22-27; also in: *The Forgotten Language*, pp. 196-230.）

1950: *Psychoanalysis and Religion*. New Haven: Yale University Press.
邦訳（谷口隆之助、早坂泰次郎）『精神分析と宗教』東京創元社

1951: *The Forgotten Language: An Introduction to the Understanding of Dreams, Fairy Tales and Myths*, New York: Rinehart and Comp.
邦訳（外林大作）『夢の精神分析』東京創元社 1952

1955: *The Sane Society*. New York: Rinehart & Winston/The paperback edition: New York: Fawcett
邦訳（加藤正明、佐瀬隆夫）『正気の社会』社会思想社

1956: "A Counter-Rebuttal to Herbert Marcuse". *Dissent* 3: 81-83.

1956: *The Art of Loving*. World Perspectives. Vol. 9. New York: Harper & Row / The paperback edition: New York: Perennial Library.
邦訳（鈴木晶）『愛するということ』紀伊国屋書店

1959: *Sigmund Freud's Mission: An Analysis of His Personality and Influence*. vol. 21, ed. Anshen, R. N., New York: World Perspectives, Harper and Row.
邦訳（佐治守夫）『フロイトの使命』みすず書房

1960: "The Case for Unilateral Disarmament". *Daedalus*: 1015-1028. Also in: *On Disobedience and Other Essays*, pp. 102-119.
邦訳（佐野哲郎）『反抗と自由』紀伊国屋書店に収録

1961 / 1962: *May Man Prevail?: An Inquiry into the Facts and Fictions of Foreign Policy*. Garden City, N. Y.: Doubleday & Co/ Allen & Unwin.

1961: *Marx's Concept of Man*: Frederick Ungar Publishing, New York.

1962: *Beyond the Chain of Illusion: My Encounter with Marx and Freud*. The Credo Series. New York: Pocket Books/Simon and Schuster.
邦訳（坂本健二、志貴春彦）『疑惑と行動』東京創元社

1963: *The Dogma of Christ and Other Essays on Religion, Psychology, and Culture*. New York: Holt, Rinehart & Winston.
邦訳（谷口隆之助）『革命的人間』東京創元社

1963: "War Within Man: A Psychological Inquiry into the Roots of Destructiveness". In: *War Within Man: A Psychological Inquiry into the Roots of Destructiveness*. A Study and Commentary. Comments by J. Frank and others. Philadelphia: American Friend's Service Committee.

1965: *Man for Himself: An Inquirey into the Psychology of Ethics*, New York: Rinehart & Co./ paperback edition: New York: Fawcett Orenuer.
邦訳（谷口隆之助、早坂泰次郎）『人間における自由』東京創元社

1966: "The Psychological Aspects of the Guaranteed Income". In: Theobald, Robert, ed. *The Guaranteed Income, Next Step in Economic Evolution?* New York: Doubleday & Co., pp. 174-184; see also: *On Disobedience and other Essays*, pp. 91-101.
邦訳（佐野哲郎）『反抗と自由』紀伊国屋書店に収録

1966: *You Shall Be As Gods: A Radical Interpretation of the Old Testament and its tradition*, New York: Holt, Rinehart & Winston.
邦訳（飯坂良明）『ユダヤ人の人間観』河出書房新社

1968: "Marx's Contribution to the Knowledge of Man". *Social Science Information* 7: 7-17; see also *The Crisis of Psychoanalysis*, pp. 62-76.
邦訳（岡部慶三）「人間知に対するマルクスの貢献」、『精神分析の危機』東京創元社に収録

1968: *The Revolution of Hope: Toward a Humanized Technology. World Perspectives*, vol. 38. New York: Harper & Row.
邦訳（作田啓一、佐野哲郎）『希望の革命』紀伊国屋書店

1970: *The Crisis of Psychoanalysis: Essays on Freud, Marx, and Social Psychology*. New York: Holt, Rinehart & Winston.
邦訳（岡部慶三）『精神分析の危機』東京創元社

1971: *The Heart of Man: Its Genius for Good and Evil*. Religious Perspectives, vol. 12 New York: Harper & Row Publishers, 1964/The paperback edition: New York: Perennial Library.
邦訳（鈴木重吉）『悪について』紀伊国屋書店

1973: *The Anatomy of Human Destructiveness*. New York: Holt, Rinehart & Winston.
邦訳（作田啓一、佐野哲郎）『破壊』紀伊国屋書店

1975: *Aggression und Charakter: Ein Gespräch mit Adelbelt Reif*, Zurich: Die Arche., "Remarks on the Policy of Détente". In: Détente: Hearings before the Committee on Foreign Relations, United States Senate, 93rd Congress, Second Session, On United States Relations with Communist Countries,. Washington: U. S. Government Printing Office.

1976: *To Have or To Be? World Perspectives*, vol. 30. New York: Harper & Row, 1976 / The paperback edition: New York: Bantam Books.
邦訳（佐野哲郎）『生きるということ』紀伊国屋書店

1979: "Die Vision unserer Zeit". In: *Erich Fromm: Kulturpreis der Stadt Dortmund: Nelly-Sachs-Preis* 1979. Mittelungen aus dem Landesarchiv der Stadt- und Landesbibliothek Dortmund, vol. 7. Dortmund: Stadt- und Landesbibliothek.

1980: *Greatness and Limitations of Freud's Thought*. New York: Harper & Row.
邦訳（佐野哲郎）『フロイトを超えて』紀伊国屋書店

1981: *On Disobedience and Other Essays*. New York: Seabury Press.

1984: Arbeiter und Angestellte am Vorabend des Dritten Reiches. *Eine*

sozialpsychologische Untersuchung, ed. and trnsl. By Wolfgang Bonss. Stuttgart: Deutsche Verlags-Anstalt, English Edition: The Working Class in Weimar Germany. *A Psychological and Sosiological Study*. Cambridge, Mass.: Harvard University Press.
邦訳（佐野哲郎、佐野五郎）『ワイマールからヒットラーへ：第２次大戦前のドイツの労働者とホワイト・カラー』紀伊国屋書店

1992: *The Art of Being*. New York: The Continuum Publishing Company.
邦訳（堀江宗正）、監訳（小此木啓吾）『よりよく生きるということ』第三文明社

■共著

1960: – / Suzuki, Daisetz/ De Martino, Richard. Zen *Buddhism and Psychoanalysis*, New York: Harper & Row.
邦訳（小堀宗柏、佐藤幸治、豊村左知、阿部正雄）『禅と精神分析』東京創元社

1961: – / Herzfeld, Hans, in collaboration with Kurt R. Grossmann, eds. Der Riede: Idee und Verwirklichung. *The Search for Peace*. Festgabe für Adolf Leschnitzer. Heidelberg: Lambert Schneider.

1962: – / Maccoby, Michael. "A Debate on the Question of Civil Defense". *Commentary: A Jewish Review* 33: 11-23.

1964: Marx, Karl / Bottomore, T. B. (Trn / Ed / Intr / Nts) / Rubel, Maximilien (Ed / Intr / Nts) / Fromm, Erich (Fwd). *Karl Marx: Selected writings in Sociology and Social Philosophy*, McGraw-Hill.

1970: – /– *Social Character in a Mexican Village: A Sociopsychoanalysis Study*, Englewood Cliffs, N. J.: Prentice-Hall.

1970: Schaff, Adam / Cohen, Robert S (Ed) from Wojtasiewicz, Olgierd's Trn / Fromm Erich (Intr). *Marxism and The Human Individual*, McGraw-Hill.

1971: – / Landis, Bernard (Ed / Trn) / Tauber, Edward S. (Ed / Trn) / Landis, Erica (Assit) *In the Name of Life: Essays in honor of Erich Fromm*, (1st ed.), Holt, Rinehart and Winston.

1976: Illich, Ivan D. / Erich Fromm (Intr). *Celebration of Awareness: A Call for Institutional Revolution*, (Pelican Books): Penguin / Calder and Boyars, 1971 / Heyday Books, 1970 / Marion Boyars, 1976, 1970 / Doubleday, 1971.

1982: – / –/Shaw, Michael (Trn). *The courage to be human*: with a postscript by Erich Fromm, Continuum.

1983: – / Schultz, Hans Jürgen (Ed). *Über die Liebe zum Leben: Rundfunksendungen*, Literary Agency Liepman AG: Zürich. Eng. trans. Kimbers, Robert and Rita.
邦訳（佐野哲郎、佐野五郎）『人生と愛』紀伊国屋書店

1986: *For the Love of Life*, New York: The Free Press (contains the following essays: "Affluence and Ennui in Our Society", "On the Origins of Aggression", "Dreams are the Universal Language of Man", "Psychology for Nonpsychologists", "In the Name of Life: A Portrait Through Dialogue", "Hitler – Who was He and What Constituted Resistance Against Him?", "The Relevance of the Prophets for Us Today", "Who is Man?").

1990: – /– (Herausgegeben von Rainer Funk). "Die Entdeckung des gesellschaftlichen Unbewussten": *Zur Neubestimmung der Psychoanalyse,* Beltz. (Schriften aus dem Nachlass / Erich Fromm; Band 3)

1992: – / – "Gesellschaft und Seele": *Beitrage zur Sozialpsychologie und zur psychoanalytischen Praxis*, Beltz. (Schriften aus dem Nachlass / Erich Fromm; Band 7)

1994: Fromm, Erich / Funk, Rainer (Edt). *Erich Fromm Reader.* Prometeus Books, and Humanity Books.

1994: – / – (Fwd). *On Being Human.* Continuum.

参考図書

WORKS OF ERICH FROMM

"Über Methode und Aufgabe einer analytischen Sozialpsychologie". *Zeitschrift für Sozialforschung* I (1932): 28-54.
　邦訳（岡部慶三）「分析的社会心理学の方法と課題」、『精神分析の危機』東京創元社に収録

"Robert Briffaults Werk über das Mutterrecht". *Zeitschrift für Sozialforschung* 2 (1933): 382-387.
　邦訳（安田一郎）「ロバート・ブリフォルトの母権についての著作」、『権威と家族』青土社に収録

"Die sozialpsychologische Bedeutung der Mutterrechtstheorie". *Zeitschrift für Sozialforschung* 3 (1934): 196-227.
　邦訳（岡部慶三）「母権理論とその社会心理学との関連」、『精神分析の危機』東京創元社に収録

"Die gesellschaftliche Bedingtheit der psychoanalytischen Theorie". *Zeitschrift für Sozialforschung* 4 (1935): 365-397.
　邦訳（安田一郎）「精神分析療法の社会的制約性」、『権威と家族』青土社に収録

"Die Determiniertheit der psychischen Structur durch die Gesellschaft Zur Methode und Aufgabe einer Analytischen Sozialpsychologie", 1937.

"Selfishness and Self-Love". *Psychiatry* 2 (1939): 507-523.

Escape from Freedom, Farrar & Rinehart, New York: 1941.
　邦訳（日高六郎）『自由からの逃走』東京創元社 1974

Psychoanalysis and Religion. New Haven: Yale University Press, 1950.
　邦訳（谷口隆之助、早坂泰次郎）『精神分析と宗教』東京創元社

The Forgotten Language: An Introduction to the Understanding of Dreams, Fairy Tales and Myths, New York: Rinehart and Comp., 1951.
　邦訳（外林大作）『夢の精神分析』東京創元社 1952

The Sane Society. New York: Rinehart & Winston, 1955/The paperback edition: New York: Fawcett, 1962.
　邦訳（加藤正明、佐瀬隆夫）『正気の社会』社会思想社

The Art of Loving. World Perspectives. Vol. 9. New York: Harper & Row, 1956/The paperback edition: New York: Perennial Library, 1974.

邦訳（鈴木晶）『愛するということ』紀伊国屋書店 1997

Sigmund Freud's Mission: An Analysis of His Personality and Influence. vol. 21, ed. Anshen, R. N., New York: World Perspectives, Harper and Row, 1959.

邦訳（佐治守夫）『フロイトの使命』みすず書房 1966/2000

You Shall Be As Gods: A Radical Interpretation of the Old Testament and its tradition, New York: Holt, Rinehart & Winston, 1966.

邦訳（飯坂良明）『ユダヤ人の人間観』河出書房新社 1966

The Heart of Man: Its Genius for Good and Evil. Religious Perspectives, vol. 12 New York: Harper & Row Publishers, 1964/The paperback edition: New York: Perennial Library, 1971.

邦訳（鈴木重吉）『悪について』紀伊国屋書店 1996

To Have or To Be? World Perspectives, vol. 30. New York: Harper & Row, 1976/The paperback edition: New York: Bantam Books, 1981.

邦訳（佐野哲郎）『生きるということ』紀伊国屋書店

"Die Vision unserer Zeit". In: *Erich Fromm: Kulturpreis der Stadt Dortmund: Nelly-Sachs-Preis* 1979. Mittelungen aus dem Landesarchiv der Stadt- und Landesbibliothek Dortmund, vol. 7. *Dortmund: Stadt- und Landesbibliothek*, 1979.

The Art of Being, New York: The Continuum Publishing Company, 1992.

邦訳（堀江宗正）、監訳（小此木啓吾）『よりよく生きるということ』第三文明社　2000

INTERNET and WEB SOURCES（Online Articles by Erich Fromm）

1992d-e (1937), A Contribution to the Method and Purpose of an Analytical Social Psychology, 1997. 22 Mar. 2001

http://mindit.netmind.com/proxy/http://www.erichfromm.de/lib_1/1992d-e.html

1992g (1959), The Aim of the Psychoanalytic Process, 1997. 22 Mar. 2001
http://www.erichfromm.de/lib_1/1992g.html

1992h (1959), Aspects of the Therapeutic Process, 2000. 22 Mar 2001
http://www.erichfromm.de/lib_1/1992h.html

JOINT WORKS OF ERICH FROMM AND OTHER AUTHORS

Fromm, Erich / Funk, Rainer (Edt). *Erich Fromm Reader*, Prometeus Books, 1994 and Humanity Books, 1994.

—— / —— (Herausgegeben von Rainer Funk). "Die Entdeckung des gesellschaftlichen Unbewussten": *Zur Neubestimmung der Psychoanalyse*, Beltz, 1990. (Schriften aus dem Nachlass / Erich Fromm; Band 3)

—— / ——"Gesellschaft und Seele": *Beitrage zur Sozialpsychologie und zur psychoanalytischen Praxis*, Beltz, 1992. (Schriften aus dem Nachlass / Erich Fromm; Band 7)

—— /—— *Social Character in a Mexican Village: A Sociopsychoanalysis Study*, Englewood Cliffs, N. J.: Prentice-Hall, 1970

—— / Schultz, Hans Jürgen (Ed). *Über die Liebe zum Leben: Rundfunksendungen*, Literary Agency Liepman AG: Zürich, 1983. Eng. trans. Kimbers, Robert and Rita. *For the Love of Life*, New York: The Free Press, 1986

邦訳 (佐野哲郎、佐野五郎)『人生と愛』紀伊国屋書店 1995

—— / Suzuki, Daisetz/ De Martino, Richard. *Zen Buddhism and Psychoanalysis*, New York: Harper & Row, 1960.

邦訳 (小堀宗柏、佐藤幸治、豊村左知、阿部正雄)『禅と精神分析』東京創元社 1992

WORKS ABOUT ERICH FROMM

Anderson, Kevin (Edt) / Quinney, Richard (Edt). *Erich Fromm and Critical Criminology: Beyond the Punitive Society*, University of Illinois Press, 2000.

Burston, Daniel. *The Legacy of Erich Fromm*, Harvard University Press, 1991.

邦訳 (佐野哲郎、佐野五郎)『フロムの遺産』紀伊国屋書店 1996

Chaudhuri, Aditi. *Man and Society in Erich Fromm*, Ajanta, 1991.

Cortina, Mauricio (Edt) / MacCoby, Michael (Edt)/ Erich Fromm International. *Prophetic Analyst: Erich Fromm's Contribution to Psychoanalysis*, Jason Aronson, 1996.

Funk, Rainer / Portman, Ian (Trn) / Kunkel, Manuela (Trn). *Erich Fromm: His Life and Ideas*, Continuum Pub Group, 2000.

Glen, J. Stanley. *Erich Fromm: A Protestant Critique*, Westminster Press, 1966.

Hausdorff, Don. *Erich Fromm*, Twayne's United States Authors Series, vol. 203, Twayne Publishers, 1972.

Knápp, Gerhard Peter. *The Art of Living: Erich Fromm's Life and Works*, Verlag Peter Lang AG., 1989.
邦訳（滝沢正樹、木下一哉）『評伝エーリッヒ・フロム』新評論 1995

INTERNET and WEB SOURCES (Online Articles about Erich Fromm)

Burston, Daniel. "Fromm's Reception Among Psychologists and Psychiatrists" 21 Mar. 2001 http://www.erichfromm.de/lib_/burston01.html

Funk, Rainer. "Erich Fromm's Role in the Foundation of the IFPS: Evidences from the Erich Fromm Archives in Tübingen" 22 Mar. 2001 http://www.erichfromm.de/lib_2/funk-ifg01.html

—— "Erich Fromm's Approach to Psychoanalysis" 22 Mar. 2001 http://www.erichfromm.de/lib_2/funk19.html

—— "The Jewish Roots of Erich Fromm's Humanistic Thinking" 22 Mar. 2001 http://www.erichfromm.de/lib_2/funk23.html

—— "Erich Fromm's Concept of Social Character and Its Relevance for Clinical Practice" 22 Mar. 2001 http://www.erichfromm.de/lib_2/funk13.html

——"Fromm's Method of Social Psychology" 22 Mar. 2001 http://www.erichfromm.de/lib_2/funk08.html

—— "Humanism in the Life and Work of Erich Fromm: A Commemorative Address on the Occasion of his 90th Birthday" 22 Mar. 2001 http://www.erichfromm.de/lib_2/funk07.html

——"Fromm's Life and Work" 22 Mar. 2001 http://www.erichfromm.de/lib_2/funk27.html

■その他の参照物

洋書および邦訳書

Buber, Martin. *Ich und Du / Zwiesprache*, Insel Verkag, Leipzig, 1923; Schocken Verlag, Berlin, 1932.
  邦訳（田口義弘）『我と汝』みすず書房 1995

Carter, Robert. *Becoming Bumboo: Western and Eastern Explorations of Meaning of Life*, McGill-Queen's University Press: Montreal & Kingston・London・Buffalo, 1992.
  邦訳（山本誠作）『東西文化共生論：比較文化の視点から』世界思想社 1996

Fauconnier, G. *Mental Space*, Cambridge University Press, 1994.

Hall, Calvin S. and Nordby Vernon J. *A Primer of Jungian Psychology*, A Meridian Book, 1999.（Originally published: New York: New American Library, 1973.）

Jung, C. G.（Edt）, Kawai, Hayao（Trn & Edt）*Ningen to Shocho* 1 & 2, Kawadeshobo Shinsha, 1975.

Köhler, Wolfgang. *The Task of Gestalt Psychology*, Prinston University Press: Prinston, New Jersey, 1969.
  邦訳（田中義久、上村康子）『ケーラー：ゲシュタルト心理学入門』東京大学出版会 1971

Maslow, Albert H. *Religions, Values and Peak-Experiences*, Kappa Delta Pi, An Honor Society of Education, 1964.
  邦訳（佐藤三郎、佐藤全弘）『創造的人間：宗教・価値・至高経験』誠心書房 1990

Reischauer, Edwin O. *The Japanese*, The President and Fellows of Harvard College, 1977.
  邦訳（國弘正雄）『ザ・ジャパニーズ』文芸春秋 1984.

Rycroft, Charles. *A Critical Dictionary of Psycoanalysis*, Thomas Nelson and Sons, 1968.
  邦訳（山口泰司）『精神分析学辞典』河出書房 1992

Schmidt, Alfred. *Die Zeitschrift für Sozialforschung*.
  邦訳（生松敬三）『フランクフルト学派：「社会研究誌」その歴史と現代的意味』青土社 1975

Sophocles *Theban Plays: Oedipus the King, Oedipus at Colonus, Antigone.*
邦訳（福田恆在）『オイディプス王』、『アンティゴネ』新潮文庫　新潮社 2005（1984）
邦訳（高津春繁）『コロノスのオイディプス』岩波文庫　岩波書店 2007（1973）

Strachey, James (Trn / Edt). *Two Short Accounts of Psycho-Analysis* ("Five Lectures on Psycho-Analysis" and "The Question of Lay Analysis"), Penguin Books, 1981.

―― "Die Frage der Laienanalyse", Vienna: 1926.

Strachey, James (Trn) / Strachey, James (Edt) / Richards, Angela (Edt). *Introductory Lectures on Psychoanalysis* (The Pelican Freud Library, vol. 1), Pelican Books, 1982.
邦訳（高橋義孝、下坂幸三）『精神分析入門』上、下巻　新潮社

Yuasa, Yasuo. T. P. Kasulis (Edt) / Nagatomo, Shigenori (Trn) / T. P. Kasulis, lbany (Trn). *The Body: Toward an Eastern Mind-Body Theory*, State University of New York Press, 1987.

■和書

土居健郎『「甘え」理論の展開：土居健郎選集 2』岩波書店 2000
――『甘えの構造』弘文堂 2000（1971）Doi, Takeo / Bester, John (Eng. Trans.) *The Anatomy of Dependence*, Kodansha International, 1973
――『表と裏』　弘文堂　1998（1975）Doi, Takeo / Harbison Mark A. (Eng. Trns.) / Edward Hall (Foreword) *The Anatomy of Self: The Individual versus Society*, Kodansha International, 1989.
――『精神分析について：土居健郎選集 3』岩波書店 2000
――『人間理解の方法：土居健郎選集 5』岩波書店 2000
――『文学と精神医学：土居健郎選集 7』岩波書店 2000
――　『続「甘え」の構造』　弘文堂　2001
宮城音弥『精神分析入門』（岩波新書）岩波書店 1995
―『夢』（岩波新書）岩波書店 1995
新渡戸稲造『新渡戸稲造全集 第十二巻』*BUSHIDO, The Soul of Japan* 佐藤全弘 訳『武士道』教文館 2000
―― 佐藤全弘 訳 同上 第二十巻『編集余録』教文館 1985
―― 同上 第十八巻『日本 ― その問題と発展の諸局面』佐藤全弘 訳、『日本人の特質と外来の影響』加藤英倫 訳 教文館 1969

西田幾多郎『善の研究』岩波書店 1921、1987 Abe Masao (Trn)/ Ives, Christopher (Trn). *An Inquiry into the Good*, Yale University Press: New Haven and London, 1990.

嶋田義仁『稲作文化の世界観：古事記（神代神話を読む）』（平凡社選書 175）平凡社 1998

許抗生（シュイ・カンション）/ 徐海（シュイ・ハイ）訳『老子・東洋思想の大河――道家・道教・仏教』地湧社 1993

鈴木晶『フロイト以後』（講談社現代新書）講談社 1992

安田一郎『フロム』（人と思想、Century Books）清水書院 1993

山本誠作『ホワイトヘッドと現代：有機体的世界観の構想』法蔵館 1991

――「対話主義の歴史について」関西外国語大学研究論集 第 64 号 1996

山本誠作 他『ホワイトヘッドと文明論（プロセス研究シンポジウム）』行路社 1995

索　引

(50音順)

ア 行

甘え　62, 63, 91, 101-107, 118, 124, 125, 126, 127, 129-131, 133
アリストテレス (Aristotle)　20, 21, 22
アンティゴネ　4, 46-51, 53
アンティゴネー　53
アンビバレンス　105, 129
言い間違い　111
イスラム教　7, 13
一（いつ）　8, 116
イデオロギー　18
イマーゴ　15
因果関係　28, 31, 57, 60
ウィリアム・アランソン・ホワイト研究所　16
ウェーバー, アルフレッド　6, 135
ウェル・ビーイング　107
エージェント　62, 64, 66, 129
エゴ（自我）　13, 60, 82, 84, 106, 108, 115, 118
エゴティズム　83-84
エックス（X）体験　13
エックハルト　22, 28
エディプス・コンプレックス　4, 37, 44, 45, 47, 48, 108
オーソ・プラクティス　5
オートマトン（自動人形）　41-42, 91, 99
置き換え　98, 100

カ 行

ガーランド, ヘニー　16, 21, 136
ランダウアー, カール　14, 136
覚醒　76

　

過剰消費　19
家父長制社会／―的　37, 47, 51-52
家母長制文化／社会　47-48, 51, 119
カルミネーション　117
帰属　17, 32, 60, 98, 127-128
帰属文化　109
気づき　21, 76, 77-79, 81, 83-84, 114, 117, 121-122
キット　12, 62, 129
旧約聖書　3, 7-8, 10, 119, 135
狂気　62-64, 73, 91, 93
清め　113, 118
ギリシャ神話　4, 27, 46
禁止　32-33
ケア　42, 101
迎合　101-103
ケチ／ケチンボウ　69
権威　7, 12, 14, 16-17, 32-35, 39, 41, 43, 47, 49-52, 69-70, 91, 93-95, 97, 98, 100-101, 103-104, 110-111, 118-121, 137-138, 143
原始社会　51, 64
口唇期　36, 39, 43
肛門期／―的　36-37, 39, 44
合理化　18, 98-100, 104
合理的権威　97
コーシャ　11
ゴール　81, 83, 107, 112, 117, 120, 122
個人的無意識　59, 60-61
コネクター　62-63

サ 行

搾取的性格／―性向　40, 43

151

サディズム　17, 34, 36, 41, 53, 69, 94, 95-96, 104, 110, 129
サド・マゾヒスティック　34
悟り　13, 73, 117
サバト　11
侍魂　128
サリバン，ハリー・スタック　65, 136
シオニスト　5, 22
市場的性格　40-41
実存主義　10, 14
自動人形　91, 93, 98-101, 110
支配　33-34, 47, 69, 70, 92, 94-97, 103-104, 110-111, 120
社会化　11, 38, 43, 100
社会研究誌　14, 15
社会的性格　16, 59, 64-66, 92
社会的プロセス　16, 19
社会的無意識　59-61
社会力学　15
集合的無意識　59-61
受容的性格／―性向／―人格　39-41, 43,
常態性病理　91, 98, 101
常態性病理現象　91, 94
消費　30, 39, 57, 67, 71-73, 80, 82, 92, 122
所有／所有＿　19, 29, 40, 41, 57, 67, 68, 69, 70-73, 80, 82-84, 95, 104, 112, 118-119, 122-124
人道的精神分析　21, 112, 123-124, 127
シンビオシス（共生）　96, 104
神秘主義　6, 12, 20-22
新フロイト派　15
スーパーエゴ　32-33, 35-37, 45, 97, 109, 119
鈴木大拙（Suzuki, D. T.）　12-13, 28, 107, 113-114, 118
スピノザ　10, 18, 20, 22
性器期／―性格　36, 42

生産的性格／―性向　34, 42
正統派ユダヤ教　5, 7, 10-12, 20, 124, 135
セメント　4, 12, 52, 62, 128, 129
潜在意識　81
専心　80
洗脳　98-99
禅仏教　12, 13, 20, 73, 78, 81, 107, 113-115, 117, 118, 124, 128
ソフォクレス　44, 48-50, 53
ソルベント　63

タ 行

ダーウィン，チャールズ　27-28
ダイナミズム　19, 22, 77
第二の天性　113
タイプ別気質　15, 27
タルムード　3, 9, 10, 20, 22, 135
男根期／―的性格　36, 40
知性化　111-112, 118
貯蓄的性格／―性向　39-40, 43
転移　110
土居健郎　63, 101-102, 105-106, 118, 124-127, 129-131, 133, 148
ドイツ観念論　18
同一視　45, 99, 102
動因　36, 48
同化　38, 43, 98-99
匿名の権威　97
トラウマ　35
トランス・セラピューティック＿　78, 107, 109, 111-112, 117, 126

ナ 行

内的目覚め　57, 122
ナチズム　16, 66
ナップ　13, 18, 20-21

ナルシシスト　71, 82-83, 91
ナルシシズム　71, 82-84, 101, 123
二重苦　126, 133
新渡戸稲造　87, 128, 133, 148
人間疎外／―現象　17, 19-20, 23, 62, 63, 91-93, 101, 110

ハ行

バイオフィリア的　43
媒体　4, 5, 12, 31, 37-38, 62-64, 116
ハシッド　10
バッハオーフェン, ヨーハン・J　4-5, 27-28, 47-48, 51, 119
バッハオーフェンの母権理論　44
ヒットラー　15, 141
一人芝居　115
ヒューマニズム　6, 8, 11-12, 17, 19, 49
ファシスト／ファシズム　14, 41, 43
フリーマン, アニス　16, 136
服従　3, 31, 39, 42-43, 45, 47, 51-52, 79, 93-97, 103-104, 110, 120-121
父権／―社会／―的／―理論　3, 31, 35, 37, 48-51, 57, 61, 70, 119-121
父権制（度）／―社会　4, 57, 70
ブーバー, マルティン　10, 28, 78, 115
フランクフルト学派　14, 135, 147
フランクフルト社会研究所　14, 18, 136
フリー・ジューイッシュ・アカデミー　9, 11
フロイト　4, 12, 14, 16-18, 27-32, 34-40, 42-45, 47-48, 50, 52-53, 57-61, 65-66, 97, 108-112, 119, 136, 139-140, 144, 149
フロイト諸理論／―性格理論／―理論　4, 14-15, 28, 31-33, 35-36, 52, 64-66, 77, 108, 110, 135

フロイト精神分析学／―療法／―理論　3, 14-15, 20, 27, 57, 61, 109, 113
フロム, ナフタリ　3, 135
フンク, ライナー　11
ヘーゲル, ゲオルク・W　18-19, 23
ベイトソン, グレゴリー　126
ペルソナ　80
ベルリン精神分析研究所　14, 135-136
防御　36
ホーナイ, カレン　15-16, 65, 113, 136
母権／―制度／―社会／―的／―理論　3, 4-5, 15, 27, 47, 49, 51, 57, 61, 70, 119, 125, 128, 137, 143
保護色　98
ポストモダニズム　118, 120
ホルクハイマー, マックス　14, 136
ボンド　62
本能的生産物　34

マ行

マルティーノ, リカルド・デ　13, 114
マインドフルネス　79, 81
マゾヒズム　17, 34, 36, 42, 53, 94, 96, 110, 129
魔法の助っ人　39
マルクス, カール　10, 17-19, 28, 65, 77, 140
マルクス主義／―理論　14, 17-20, 61, 65
ミディアム　62
無神論　11, 13
無力感　23, 41, 68, 70, 83, 92-94, 100, 110, 123-124, 126, 127
瞑想／―法　21, 77-78, 81-82, 113-114, 122, 124, 128
目覚め　21, 29, 57, 73, 75, 78, 80, 107, 112-113, 121-123, 128
メンタル・スペース　63, 85, 116

ヤ行

ユートピア　7, 64
ユダヤ律法　9, 81, 135
ユング, カール　21-22, 28, 52, 57, 59, 60-61, 113, 116
抑圧　38, 45, 60, 65, 106, 108-109
抑止的権威　97
抑制　33-34, 39

ラ行

ライヒマン, フリーダ/ライヒマン, フリーダ・フロム　14, 16, 135-136
ラジオ・インタビュー　4, 10, 17, 119
らしさ　76, 78, 116, 124
ラビ　3, 5, 6, 135
ラビンコフ, サルマン・B　6, 9, 135
リビドー　15, 17, 27-28, 30, 36, 52, 59, 64, 106, 108, 112
リュート　11-12, 62
良心　32, 35, 97, 119-120
リラクセーション　81, 122
連帯/―感　62, 74, 123, 127

著者あとがき

謝　辞

　本書は、著者が関西外国語大学大学院外国語学研究科（言語文化専攻）で研究に着手し、博士論文として登録された英文出版物を著者自身がその内容を簡略編集したり加筆したりして邦訳したものです。

　博士課程後期における論文指導では、京都大学名誉教授　山本誠作先生（哲学）、大阪市立大学名誉教授　佐藤全弘先生（哲学）、2000年当時、関西外国語大学大学院で教鞭をとっておられたDavid E. Young教授（文化人類学）に、さまざまな角度から貴重な御指導、御指摘を賜りました。博士の学位取得においても、また、今もなお感謝の念を忘れたことはありません。

　山本誠作先生からは、フロムの批判的視点から、フロム社会心理学的理論とフロイトの精神分析学的理論の比較・相違をテーマとして御呈示いただき、研究室での輪読会では、フロムのドイツ語原著を取り上げていただき、大きな刺激を受けました。また、日本の精神科医　土居健郎選集をご紹介いただき、フロムが指摘した現代社会における病理現象と日本人の感情に特異とされていた「甘え」との関連性の研究についても御提案いただきました。

　佐藤全弘先生の大学院での御講義では、新渡戸稲造の思想を学び、大いに刺激をいただくとともに、上記研究内容をさらに発展させて、日本社会や日本人の思想と関連づける方向性を御指導いただきました。フロム思想を基盤として、多様な考え方、目前で起こりつつある社会現象と人間心理との関連性を追究する発展的研究が可能となり、深謝いたしております。

　また、佐藤全弘先生には、本邦訳書出版に向けて貴重な御指導、御指摘、御提案を賜り、本書の出版に漕ぎ着けることができました。佐藤先生に本書の「まえがき」をお願いでき、出版が実現しましたことは大きな喜びです。

デイヴィッド・ヤング先生からは文化人類学的見地から、哲学とはまた違った面から御助言をいただき、思いを新たに論文に取り組んだことを思い出します。ヤング先生はカナダ御出身で、英文表現において多くを学ばせていただきました。

　本書の出版におきましては、朝日出版グループA&A株式会社の近藤千明氏ならびに小林純子氏に丁寧な校正をしていただき、数多くの御助言、御知恵を賜りました。厚く御礼申し上げます。近藤氏に私を御紹介くださった朝日出版社の小川洋一郎氏、朝日出版グループA&A株式会社の清水浩一氏にもたいへんお世話になり厚く御礼申し上げます。

　最後に、読書好きの長男が草稿に目を通してくれたことにも感謝しています。

平成25年11月9日　　東京にて

■著者プロフィール

飯野　朝世　（博士 言語文化）

東京都出身。日本大学文理学部文学専攻（英文学）卒、関西外国語大学大学院外国語学研究科博士課程修了（前期：英語学専攻、後期：言語文化専攻）。現在、日本大学文理学部講師（非常勤）。(独)理化学研究所OB。

【著書】
A Study of Fromm's Thought: In Comparison with Freudian Theories and In Connection with Japanese People and Society （ハーベスト社 2002年）；邦訳書『ポッツヌが生きた世界：プエブロの女性インディアン・アーティスト』（〔株〕めるくまーる 2004年）ジーン・シューツ & ジル・メリック 著；その他 論文、書評、研究ノートなど。

今こそ フロムに学ぶ

©2014年3月14日　初版発行

検印省略

著　者　　飯野　朝世
発行者　　原　雅久
発行所　　朝日出版社
　　　　　〒101-0065　東京都千代田区西神田 3-3-5
　　　　　TEL (03)3263-3321(代表)　FAX (03)5226-9599

乱丁，落丁本はお取り替えいたします
ISBN978-4-255-00763-2 C0095　*Printed in Japan*